이제
나를 돌보며
살기로
했다

이제 나를 돌보며 살기로 했다

나를 존중하며 살아가는 법

박지연 지음

청어람Life

소망의 기초

농구를 시작한 지 1년이 되었습니다. 코로나 확산 이후 집에 있는 시간이 많아진 아이를 집 밖으로 나오게 하고 싶었고, 팀 스포츠인 농구를 한다면 앞으로 친구 관계나 사회생활에 도움이 되리라는 기대도 있었습니다. 스포츠엔 별 관심도 없고 농구는 더더욱 잘 몰랐지만, 초등학생 꼬마들이 하는 게임은 역동적이고 에너지가 넘쳤습니다. 3개월 동안 구경만 하다가 나도 해보고 싶다는 마음이 점점 커졌습니다. 무릎도 안 좋고 몸도 무겁고 이 나이에 웬 농구인가 싶었으나, 다행히 아이들과 함께 농구를 배울 수 있었습니다.

드리블, 패스, 투 핸드 슛, 레이업 등 농구의 기본 동작을 배운 지 몇 달 후, 아이들이 하는 경기에 저도 참여하게 되었습니다. 대부분 초보자이고 연습 게임 수준이었지만, 아이들에 비해 잘 뛰지도 못하고 실력 차이도 현저함을 느꼈습니다. 공이 내게 와도 슛하지 않거나 우리 팀이 공격하거나 수비할 때 우두커니 서 있곤 했습니다. 그때 코치님이 외친 말이 "밀리지 마!"입니다. 쫄지 말라는 말이 좋았습니다. 상대방이 나보다 잘하더라도 지레 겁먹지 말고 할 수 있는 만큼 해보라는 뜻입니다.

풋내기가 초급자에서 중급자로 가는 과정에선 자신의 수준을 아는 게 필요하겠지만, 스스로 부족하다고 평가하여 적극적으로 참여하지 못할 때가 많습니다. 상대 팀이 한 골을 넣을 때마다 한숨이 나오고, 우리 팀 플레이가 시원찮을 때 남 탓을 하고 싶고, '역시 나는 잘못해'라며 확증 편향적 사고에 빠지기 일쑤입니다. 하지만 내가 부족하더라도 나를 인정하며 할 수 있는 데까지 해보는 것, 시야를 넓혀 전체 경기를 보면서 내가 어디서 뛰는 게 좋을지 생각하는 것, 종료 휘슬이 울릴 때까지 포기하지 않고 움직이는 것 말고 다른 방법은 없었습니다.

농구 선수가 될 것도, 이기는 농구를 하려는 것도 아니었고, 한낱 체력을 기르기 위해 농구를 시작했다가 늘 고민하던 문제를 다시 만났습니다.

삶에 걸려 넘어지는 순간

삶에서 걸려 넘어지는 순간은 숱합니다. 넘어졌을 때 그 자리에 주저앉아 있으면 아무것도 하지 않아도 되지만, 우리는 다시 일어섭니다. 거꾸러졌다가 일어나면 흙먼지를 털어내고 상처 난 곳은 없는지 살펴 치료해야 하고, 무엇에 걸렸는지 확인해 다음엔 같은 곳에서 넘어지지 않으려고 노력해야 하고, 내가 어디에 정신이 팔려서 돌부리를 못 봤는지 기억해야 하고, 주변에 위험한 것은 없었는지 환경을 체크해봐야 합니다.

　우리가 넘어지고 쓰러지고 자빠지면서도 일어나는 이유는 살기 위해서입니다. 어쩔 수 없어 사는 게 아니라, 한번 더 잘해보고 싶은 마음이 있어서입니다. 삶의 고비에서 희망과 절망, 믿음과 의심, 끈기와 포기, 대안과 비판, 모색과 안주, 연결과 단절, 직면과 외면의 상황을 자주 만납니다. 후자는 손을 놓고 벌어진 일을 그대로 두면 되므로 더 쉬운 선택일 수 있습니다. 전자를 선택한다면, 무슨 일이 일어났는지 파악하고, 나 혼자가 아니라 타인과 함께 방법을 찾아보고, 일이 되도록 하기 위하여 또다시 과정에 매진해야 합니다. 지금 당장 눈에 보이지도 않는 것들에 내 시간과 노력과 땀을 들이기로 마음먹는 일입니다. 더 복잡하고 더 어렵고 더 수고스러움에도 불구하고 전자를 선택하는 이유는, 좀 더 나아지길 바라는 소망을 가슴 깊이 품고 있기 때문입니다.

　내 삶의 궤적을, 세상 돌아가는 일을, 역사의 질곡을 돌아봐도 한번에 되는 일은 없습니다. 혁명이 일어난 후에도 혁명이 내세운 가치와 신념이 현실의 삶으로 스며드는 데에 몇십 년, 몇백 년이 걸린 사례가 허다합니다. 우리 또한 진보와 퇴보를 되풀이하는 역사를 살고 있습니다. 우리의 몸은 현재에 머물러 있고 인간의 직관을 넘어서는 일을 상상하긴 힘들어서, 변화가 눈에 보이지 않을 때, 원하는 만큼 진전되지 않을 때, 전진보다 후퇴가 두드러질 때 절망하고 의심하고 비난하고 포기하기 일쑤입니다.

　허나 감기처럼 찾아오는 아픔과 좌절을 견뎌야 면역력이 생깁니다. 회피해도 만나야 할 일은 언젠가 직면하게 되어 있습니다. 아무리 서둘러도 시간이 걸리는 일은 그 시간이 소요됩니다. 걸음마를 떼기 위해 수백 번 엉덩방아를 찧고, 자전거 타는 법을 배우기 위해 갈팡질팡하며 부딪히기를 반복하고, 영어 단어를 외우기 위해 쓰고 말하고 듣기를 되풀이합니다.

이 모든 변화의 증거들

앞일은 모호하고 더듬거리며 나아가는 길이지만, 절망할 때보다 희망할 때 걸음걸이가 더 가볍습니다. 절망은 어깨에 돌덩이를 올려놓고 발에 모래주머니를 묶고 걷는 상태와 유사합니다. 갈 길도 먼데 낙담과 체념이 체감 거리를 몇 배로 늘여놓습니다. 현실을 통과하며 가는 삶의 여정에선 절망보다 희망이 낫습니다. 살아가는 것도, 미래를 사는 것도 결과를 알 수 없는 도박 같은 일인데, 희망 없이 가는 길은 암흑 속을 걷는 듯해 두려움이 발목을 잡습니다.

희망한다고 해서 장밋빛 미래가 약속되지도 않습니다. 여전히 한 번에 바뀌는 것은 (거의) 없을 테고, 대부분 점진적으로, 점차적으로 변화할 것입니다. 우리는 오색찬란한 미래를 꿈꿀 정도로 순진하지 않고, 동화책의 '행복하게 살았답니다'란 마지막 문장을 의심할 정도의 현실 감각을 갖고 있습니다. 의심하고 비판하고 좌절하면서 이 여정에 필요한 짐을 꾸리고 대비할 수 있었습니다. 우리가 시행착오를 감당하는 것은 성취의 결과만을 바라서가 아닙니다. 안 했을 때보다 해봤을 때 더 많이 성장함을 알기 때문입니다.

우리는 자각하지 못하지만, 태어나서부터 지금까지 멈추지 않고 변화해왔습니다. 이는 생물학적 성장과 노화만을 뜻하지 않습니다. 우리의 마음이, 생각이, 경험이, 의식이, 태도가, 관심이 변해왔습니다. 내 안에는 변화한 나, 변화하고 있는 나, 변화하고 싶은 나, 변화해야 할 내가 공존합니다. 지금의 나는 숱한 변화가 쌓여서 만들어졌습니다. 앞으로 나아간 시간보다 뒤로 물러난 시간이 많았지만, 꾸준히 시도하기를 멈추지 않았습니다. 이렇게 될 줄 알았던 일도 있지만, 이렇게 될 줄 몰랐던 일도 많습니다. 이렇게 될 줄 몰랐으나, 어렴풋이 희망하거나 꿈꾼 것들이 현실이 되었습니다. 확실히 알지 못했으나 생각하고 상상한 것이 변화의 시작이었습니다. '변화'에는 발전뿐 아니라 퇴행도 포함되고, 이 모든 변화의 증거들을 기억하는 것이 희망의 자원입니다.

상상력은 삶의 자원

희망은 미래의 기초를 놓는 일입니다. 작더라도 보이지 않는 미래를 상상함으로써 우리는 한 걸음 더 걸을 수 있습니다. 좌절하면서도 소망하기를 포기하지 않은 이유는 그저 숨만 쉬려고 사는 게 아니기 때문입니다. 내가 원하는 삶을 상상하고, 사랑하는 사람들의 평안을 상상하고, 아이들이 자랄 세상을 상상합니다. 손발의 수고 없이 상상이 현실이 될 수 없음을 알고 있습니다. 희망은 행동하지 않는 한 관념에 불과하므로, 희망을 현실화하기 위해서는 실천해야 한다는 것도 알고 있습니다. 이 지난한 여정의 수고로움을 감당하기 위하여 보이는 것 너머를 소환하는 상상력이 필요합니다.

상상력은 소설이나 영화 속 허구의 세계를 그럴듯하게 만드는 데만 중요한 건 아닙니다. 상상력은 과거의 나와 미래의 내가 같지 않을 거라는 믿음, 내일은 오늘보다 조금 나아질 거라는 믿음에서 시작됩니다. 상상력은 나 자신, 내 사적 영역에만 시선을 고정하지 않고 나의 바깥, 내가 속한 세상을 더 깊게, 더 멀리 내다보는 행동이기도 합니다. 우리는 경험의 한계 안에서 살아가고, 나와 그는 완전히 다른 존재여서 타인을 이해하는 것은 본질적으로 불가능합니다. 그러나 내 경험의 연장선에서 그들의 아픔을 미루어 짐작할 수는 있습니다. 산불로 집을 잃은 사람들, 전쟁으로 갑자기 난민이 된 가족들, 산업재해로 자식을 잃은 부모들이 어떤 고통 속에 있을지 헤아려봅니다. 그들의 상실과 참담함을 감히 상상하려고 노력할 때 공감이 일어납니다. 내 삶의 반경 바깥에 있는 이들의 슬픔, 그들의 구체적인 감정과 삶의 자리를 그려보는 상상력이 타인과 나를 연결합니다.

상상력을 가짐으로써 '나'라는 세계가 타인과 만나고 나의 세계가 세상으로 확장됩니다. 상상력을 가짐으로써 나의 새로운 가능성을 찾고 타자의 다른 가능성도 내다볼 수 있습니다. 상상력을 가짐으로써 자아의 경계가 허물어지고 넓어집니다. 그래서 상상력은 삶의 자원입니다. 어둠 속에서도 어둠을 외면하지 않고 나아가는 것은 이 긴 터널 끝에 빛이 있으리라 상상해서입니다. 절망하면서도 꼬인 마음을 갖지 않으려 애쓰는 것은 늠름히 견딘 내 모습을 상상하며 나의 자존을 지키고자 함입니다.

나를 넘어 타인으로 확장되는 삶

나를 보살펴 내 삶의 기초를 튼튼히 한다면 삶의 고비에서 다시 일어날 수 있습니다. 나를 잘 알고 돌보는 것은 내 마음을 다듬는 일이고, 자신에 대한 앎과 자기돌봄이 삶의 든든한 초석이 됩니다. 이 책은 자기돌봄과 자기 이해의 여정을 담고 있습니다. 나만 아는 삶은 황량하고, 나를 모른 채 타인만 챙기는 삶은 빈곤합니다. 자기돌봄은 나를 채우고 지켜서 타인과 더불어 사는 삶을 풍요롭게 하기 위해서입니다. 나를 돌봄으로써 숨겨져 있던 내면의 힘을 찾고 나와 타인의 삶을 드넓게 상상할 수 있습니다. 내가 지금 괜찮은지 나에게 주의를 기울이고 내 삶의 울타리 너머의 세상에도 관심을 기울입니다. 이 책은 나로부터 시작되고 나를 넘어서 확장되는 삶에 대해 이야기하고자 합니다.

좋은 부모가 되는 법, 양육에 관한 비법은 이 책에 담겨 있지 않습니다. 어떻게 하면 아이를 잘 키울지에 대한 훌륭한 책들은 서점에 가면 얼마든지 찾을 수 있거니와 저는 그 답을 알지 못합니다. 부모가 된 사람은 죽을 때까지 부모로 살 테지만, 부모가 되기 전의 정체성도 여전히 갖고 있고 부모가 된 후에도 부모 이외의 정체성을 가지고 있습니다. 부모 정체성을 잠시 내려놓고 오롯이 자신에게 집중하여 자신을 돌볼 때 '한 사람'으로서 자아가 채워집니다. 나의 또 다른 자아와 세상에 대해 너른 시야를 가진다면 부모로 돌아왔을 때 더 힘을 낼 수 있다고 생각했습니다. 나에게 다양한 정체성이 있고, 내가 여러 조각으로 구성됨을 받아들일 때 하나의 조각이 다른 조각들을 짓누르지 않을 수 있습니다. 시간의 흐름에 따라 조각들의 크기도 색깔도 변할 테지만, 그 조각들이 움직이며 적절히 공존할 때 부모의 삶도 더 다채로워질 것입니다.

자기돌봄과 자기 이해에 대해 이야기하며 커밍비 북클럽에서 읽었던 책들을 인용하였습니다. 부모인 이들과 책을 나누며 나만의 세계에 빠져 있던 생각들이 세상으로, 지구로, 우주로 뻗어갔습니다. 일상에 침잠해 있던 몸과 마음을 다른 세계에 푹 담그는 일은 우리 삶이 가난해지지 않게 했고 부모로서의 고민을 더 풍족하게 해주었습니다. 앎은 삶을 위한 것이고, 다른 세계를 상상하는 것이 현재 삶에 힘이 됨을 경험하는 시간이었습니다. 그 기쁨을 독자들과 나누고 싶어 이 여정에 몇 권의 책들을 초대하였습니다.

이 책은 총 4부로 구성되어 있습니다. 삼층석탑을 쌓는 석공처럼 1부가 2부의 기초가 되고 3부가 4부의 기초가 되길 바랐으나 여러분의 손이 가는 대로 마음대로 읽어주셔도 좋습니다. 책을 쓰는 일과 책을 읽는 일은 쓴 자와 독자가 시간과 공간을 넘나들며 나누는 침묵의 대화입니다. 여러분의 삶의 자리에서 원하는 대로 읽는 과정에서 마음이 전해지기를 바랍니다.

1부에서는 자기돌봄이 삶에서 왜 중요한지, 우리가 살아가는 세상에서 어떤 의미가 있는지 이야기합니다. 2부에서는 어떻게 자기돌봄을 하는지 구체적인 방법을 다룹니다. 해리포터가 죽음의 세력인 볼드모트를 이길 줄 알면서도 어떤 우여곡절을 겪는지 궁금해서 소설을 읽고, 어벤져스가 인류를 구할 줄 알면서도 어떤 사건과 사고와 갈등을 겪는지 궁금해서 영화를 봅니다. 허구의 이야기가 과정의 서사이듯, 사건의 연속인 우리 삶도 과정의 서사입니다. 무슨 일이 일어났는지, 그때 어떤 마음이었는지, 우리의 마음은 어떻게 생겨나는지, 어떻게 그것을 감당하는지에 대해 2부에서 이야기합니다.

3부는 평생을 나로 살면서도 잘 몰라준 나를 알기 위해 무엇을 도구로 삼을지 말했습니다. 나를 탐색하고 이해하는 과정에 어떤 기준을 적용할지에 대한 이야기입니다. 4부는 자기탐색을 위한 질문으로 구성됩니다. 과거-현재-미래의 나를 상상하는 질문, 나로부터 시작하여 자아의 외연을 확장하는 질문을 던집니다. 질문에 답하는 과정에서 평면이 아닌 구(球)로서, 입체적인 나를 발견할 것입니다.

자신을 입체적으로 인식한다는 것은 늘 만나던 나, 늘 느꼈던 나에게서 다른 무언가를 보게 된다는 뜻입니다. 헬스, 수영, 농구 등안 하던 운동을 처음 배우면 평소에 쓰지 않던 근육을 쓰게 됩니다. 원래 내 몸에 붙어 있으나 있는 줄도 몰랐던 근육을 새롭게 사용하면서 체력을 키웁니다. 진실한 나를 만나는 일은 지금까지 잘 쓰지 않던 마음 근육을 쓰는 일입니다. 자신에게 집중하여 잘 몰랐던 자신의 새로운 면을 발견합니다. 나를 앎으로써 자신의 용량을 키우고, 지경(地境)을 넓힘으로써 자아가 확장됩니다. 고통을 감당하는 수용력이 늘어나고 삶의 맛을 느끼는 민감성도 커집니다. 이 책이 자신의 경계를 넘어 자아를 확장하는 데 쓰이길 바랍니다. 자신을 알고 존중함으로써 더 넓어지는 삶을 경험하길 바랍니다. 감정적으로나 에너지적으로 소진되던 삶에서 스스로 충전하는 삶으로 이행하는 데 이 책이 쓰인다면 더 바랄 것이 없겠습니다.

　　책을 쓰는 과정에서 도움은 어디에나 있음을 체험했습니다. 커밍비 워크숍에서 마음과 경험을 나눠준 한 분 한 분께 감사의 말씀을 드립니다. 책을 쓰는 내내 여러분과 함께였습니다. 여러분의 소중한 나눔이 누군가에게 씨앗이 되리라 믿습니다. 커밍비 북클럽을 함께 하고 있는 레드 팀과 그린 팀 멤버들에게 감사의 말씀을 드립니다. 여러분과의 대화가 읽은 책보다 더 귀한 배움이었습니다. 초고를 읽고 마음에서 우러나오는 격려를 해준 성기애, 김재희, 심재은, 고윤숙, 박현선, 박신아 님께 고맙습니다. 이 책이 세상으로 나오게 해준 청어람미디어 정종호 대표와 여혜영 팀장께 감사합니다.

　　끝으로, 나의 흙이 되어준 언니들과 뒷산 같은 존재인 그, 새로운 세계를 만나게 해준 선균에게 사랑을 전합니다.

2022년 3월

박지연

차례

1부

나를 돌보는 것은
왜 중요한가?

누구나 자기 안에
빛과 어둠을 품고 있습니다.
자기돌봄은 내면의 빛과 어둠,
둘 다에 관심을 기울이는 일입니다.

...

어둠을 외면하지 않고
나에게 주의를 기울임으로써
생각의 감옥에 갇히지 않을 수 있습니다.

'자기돌봄(self care)'은 주체가 자신의 건강한 삶을 위해 스스로를 돌보는 행위를 뜻합니다. '돌봄' 하면 자립적으로 살아가기 힘든 아이나 노인을 보살피는 '타인돌봄(other care)'이 우선 떠오릅니다. 이는 돌봄을 받는 사람의 신체적 안전과 정서적 안정을 챙기는 활동입니다. 타인돌봄에서는 돌봄의 주체와 대상이 다르지만, 자기돌봄에서는 동일합니다. 자기돌봄이 중요한 이유는, 돌봄의 주체가 스스로를 돌보지 못할 때 타인을 진정으로 돌보기 어렵기 때문입니다.

우리는 미약한 존재여서 자신의 에너지가 채워져야 타인을 돌볼 여유가 생깁니다. 타인에게 불같이 화냈던 순간이나 비관적으로 치달았던 시기를 돌아보면 스스로 고갈될 때였습니다. 우리는 경험적으로 그리고 본능적으로 이 사실을 알고 있습니다. 몸이 아프거나 피곤하면 기분이 안 좋아지고, 마음의 불편함이 지속되면 건강도 안 좋아집니다. 나의 신체적, 정서적 상태는 타인에게도 영향을 미칩니다. 자신을 챙기는 자기돌봄이 되어야 타인도 배려할 수 있습니다.

생의 어떤 시기에는 경주마가 눈가리개를 한 것처럼 앞만 보며 사는 날들이 있습니다. 하루하루 떨어진 일들을 해치우는 데 급급한 시절에 자기돌봄은 사치처럼 들립니다. 하지만 나를 돌보지 않는 기간이 오래되었을 때 자기 자신도 허물고 타인과의 관계도 갉아먹습니다. 나와 타인, 나와 그, 나와 아이, 나와 그들의 **공존**을 위해 자기돌봄이 필요합니다.

우리는 사회적 관계에서 자신의 역할을 다하고 폐 끼치지 말아야 한다고 배웁니다. 스스로 삶을 책임지고 타인을 배려할 때 어른이라고 합니다. 사회 속에서 주체들이 평화롭게 공존하기 위해 꼭 필요한 윤리입니다. 그러나 어른으로서 자기 삶을 책임지기 위해서는 자신을 이해하고 존중하는 것이 먼저입니다. **누구도 건드릴 수 없는 내면의 세계**를 돌보고 자기 자신을 배려할 때 다른 사람을 공감하고 존중할 수 있습니다.

나와 독대하는 정적의 시간

디지털 문화로의 전환이 '읽는 뇌'에 어떤 변화를 일으켰는지 설명하는 『다시, 책으로』에서 매리언 울프는, 순간 접속시대를 살아가는 우리에게 '정적의 장소'가 필요하다고 말합니다. 정적의 장소는 "읽는 행위를 통해 스스로 비판적으로 생각해볼 수 있고 책임 있는 결정을 내릴 수 있는" **성찰의 영역**[1]입니다.

우리의 정신은 끊임없이 쏟아지는 정보에 압도되어 산만해지지만, 혼자서 생각할 수 있는 공간에서 정지의 시간을 가짐으로써 **자신과 연결**될 수 있습니다. 자기돌봄을 위해 마음과 직면하는 혼자만의 시간입니다.

저는 아침 일찍 일어나 혼자만의 시간을 갖는 것을 '**정적의 시간**'이라고 부릅니다. 우리는 다양한 관계 속에서 여러 역할의 옷을 입고 쉴새 없이 계속되는 일들 속에서 살아갑니다. 정적의 시간은 복잡한 관계와 상황으로부터 벗어나 고요함 가운데 내 마음속에서 무슨 일이 일어나고 있는지, 무엇을 원해서 요동치는지를 정리하는 시간입니다. 어떤 제한도 없이 자유롭게 느낌과 생각을 써 내려가는 과정에서 상황과 나를 차분하게 볼 수 있습니다.

삶은 명사라기보다 동사입니다. 살아가는 것은 오로지 행동의 연속이고, 몸이 멈춰 있는 순간에도 머리는 움직입니다. 삶에서 운동성과 변화는 상수(常數)여서 내가 원하는 것과 밖에서 요구하는 것을 구분하기는 쉽지 않습니다. 자신과 독대하는 정적의 시간을 통해 안과 밖을 구분하고 내 마음을 만날 수 있습니다.

우리가 강한 감정을 느낄 때, 실제로 일어난 일과 내 감정, 원하는 바를 관찰하는 경우는 많지 않습니다. 화가 나긴 나는데, 사실과 느낌, 생각, 욕구가 뒤섞인 채 뭐가 뭔지 모르고 지나가곤 합니다. 비슷한 일이 또 발생하면 전과 똑같은 방식으로 반응합니다. 마음에 귀 기울이고 들여다보면 내 마음의 프로세스, 마음이 작동하는 패턴을 알게 됩니다. 누구도 건드릴 수 없는 내면을 만남으로써 내 마음의 사이클을 인식합니다. 누구도 알아줄 수 없는 내 마음을 내가 먼저 알아주면, 끓어오르는 마음의 온도가 낮아지고 차분해져서 다르게 행동할 수 있습니다.

내면의 불안과 마주하기

    자기돌봄을 통해 내 감정을 이해하고 관계가 회복되는 경험을 한 것은 10년간 다니던 회사를 그만두고 난 후였습니다. 저 또한 주어진 일을 하느라 늘 바빴고, 책임과 의무를 다하며 쓸모 있는 존재임을 증명하려고 애썼고, 먹고사는 문제를 해결하기 위해 자신보다 외적 요구에 맞추며 살아왔습니다. 사회적 역할에 중심을 둔 삶이었으나, 퇴사를 하고 뿌리부터 흔들리기 시작했습니다.

    스스로 선택한 퇴사였음에도 불구하고 나의 사회적 자리가 사라졌을 때 생긴 불안은 예상보다 컸습니다. 가정과 동네로 이동 거리가 줄어듦에 따라 사회적 관계도, 내 시야와 사고도 축소되었습니다. 나를 구성하는 다양한 정체성 중에서 엄마와 전업주부의 역할이 중심이 되면서 그동안 공부하고 일한 것은 다 무엇이었나 혼란스러웠습니다.

    전업주부 역할은 사회의 재생산을 가능하게 하는 근간이지만, 가사노동은 사회적으로 인정받지 못합니다. 배우자가 회사에서 열심히 일하고 아이가 맘 놓고 학교(유치원, 어린이집)에 다니고 뛰어노는 것은 엄마들의 그림자 노동이 있기에 가능합니다. 그러나 '우리 엄마 놀아요'라는 말에서 여성의 재생산 노동의 가치는 존중받지 못합니다.

'모성은 위대하다', '육아는 가치 있는 일이다'라는 말과 '집에서 논다'라는 말은 언뜻 모순적으로 보입니다. 전자는 모성을 신화화해 육아에 집중하지 않는(하기 힘든 조건에 있는) 여성에게 죄책감을 심어주고, 후자는 자본으로 환산되지 않는 여성의 가사노동을 '노는 것'으로 폄하해서 전업주부에게 상실감을 심어줍니다. 워킹맘과 전업맘 모두 소외시키는 가부장적 논리입니다. 전업주부 말고 다른 정체성을 갖기 위해 애썼던 시간을 돌아보면, 사람들이 나를 논다고 생각하면 어쩌나, 이대로 정체되면 어쩌나 두려웠습니다. 여성을 소외시키는 가부장제의 언어를 나도 모르게 내면화하고 그에 맞춰 나를 포장하려고 했습니다.

내면의 불안, 두려움과 마주하면서 사회의 목소리와 나의 목소리를 구분하였습니다. 좋은 엄마 이데올로기와 내가 되고 싶은 엄마의 모습, 엄마와 아내 정체성과 자연인 ○○○으로서 여러 정체성, 해야 할 가사노동과 내가 할 수 있는 범위 등을 고민하며 **내가 진짜 원하는 게 무언지**, 어떻게 살고 싶은지, 내 안의 목소리에 귀 기울였습니다. 자기돌봄의 시간을 통해 감정을 알아차리고 고민을 하나씩 정리해갔습니다.

정적의 시간을 가지며 전날 있었던 일과 감정, 생각, 욕구를 쓰는 작업을 계속했습니다. 타인과 분리돼 마음을 살피는 시간을 가지면서 내가 주로 어디서 흔들리는지, 무엇에 그토록 화가 나는지, 어째서 그토록 속이 답답한지 천천히 알게 되었습니다. 전에는 아이에게 영문도 모른 채 화를 내고 후회하기를 반복했지만, 이제는 화가 올라올 때 '아, 지금 내가 화가 나는구나'를 알아차립니다. 화내지 않는 것은 아니지만, 알람이 켜지기 때문에 화내는 정도도 낮아지고 화를 다루는 방법을 배워가고 있습니다. 내면에 똬리를 틀고 있던 마음을 들여다보면서 마음이 작동하는 패턴과 주기를 파악하였습니다. 살아가는 내내 생활의 파도는 끊임없이 몰아칠 테고, 나를 돌보는 시간을 가지며 파도를 감당하는 힘을 키우고 있습니다.

가사노동에서는 내가 할 수 있는 수준을 정하면서 화를 줄일 수 있었습니다. 살아 있는 한 밥하고 설거지할 수밖에 없다는 것─설거지가 싫다면 일회용품을 사용해야 하는데, 환경을 생각한다면서 그럴 수도 없고 매 끼니를 외식으로 충당할 수도 없으므로─을 자각했습니다. 가족의 건강한 삶을 위해 노력하되 감당할 수 있는 수준까지만 할 것, 나와 배우자 사이에 가사노동 업무를 분담하고 추가적으로 필요할 때는 구체적으로 말할 것, 아이가 아직 어리지만 1인분의 역할을 하도록 키울 것 등입니다.

엄마 역할과 관련해서도 좋은 엄마가 아니라 내가 할 수 있는 엄마의 수준을 정했습니다. 아이의 성장을 위해 꼭 필요한 역할을 하되 아이가 자랄 토양으로서 정서적 자원을 제공하는 데 우선순위를 두기로 했습니다. 아이에게 적절한 정서적 영양분을 주기 위해서는 내가 먼저 안정감을 키우는 것이 중요했습니다. 가정에서의 역할만으로는 내적으로 풍요로울 수 없음을 깨달았기에 내가 원하는 일(work)과 사회적 관계를 추구하기로 했습니다. 타인의 최선과 나의 최선 사이에서 **투명하게** 자신을 응시함으로써 편안해질 수 있었습니다.

느리지만 마음으로부터 바꾸어가는 일

    자기돌봄을 통해 정체성을 확인하고 삶의 방향을 찾은 것은 창업의 여정에서였습니다. 창업을 고민하며 청소년을 돕는 일을 하고 싶었지만, 들여다볼수록 청소년의 성장에는 어른의 영향이 크다는 것을 알게 되었습니다. 행복한 삶을 사는 어른을 보며 청소년도 행복한 삶을 살 수 있을 텐데, 어른들도 너무 지쳐 있습니다. 속도 중심주의와 경쟁, 불안이 구조화된 한국 사회에서 어른들도 생존을 위해 최선을 다하고 있습니다. 책임과 의무를 다하며 노력하고 있지만, 있는 그대로의 나를 존중하고 내면을 돌보는 방법은 잘 알지 못합니다. 스스로 일궈온 삶에 대한 자부심만큼이나 내적 공허와 아픔, 상처를 안고 있습니다. 이들의 고민도 제 경험과 다르지 않다고 생각했습니다.

    자기돌봄을 통해 회복되고 내면의 힘을 가진 사람들이 늘어나길 바라는 마음으로 커밍비(Coming B.)를 창업했습니다. 삶의 변화를 원하는 사람은 많지만, 변화를 만들기 위해 어떻게 해야 할지 모를 때가 더 많습니다. 하고 싶지 않아서가 아니라 어떻게 행동할지 알지 못해서 무너지곤 합니다. 불투명한 현실에서 내 안부터 투명하게 닦아간다면 혼돈으로부터 내적 평화를 찾고, 나로부터 시작된 변화가 가족으로, 조직으로, 사회로 확산될 수 있다고 믿었습니다.

커밍비의 사업은 기술 기반으로 빠르게 성장하는 스타트업과 다릅니다. 마음을 움직이는 일, 마음의 근육을 키우는 일은 속도나 성과로 측정하기 어렵습니다. 하지만 저는 새로운 시도와 도전으로 쭉쭉 성장하는 기업들과 저를 비교하며 스트레스 받기를 반복했습니다. 나를 돌보는 정적의 시간을 지속하면서 내 목표 지점과 현재의 간극, 그 간극 속에서 나만의 경로를 그렸습니다. 내 몸은 창업 환경 안에 있지만, 내 머리마저 창업의 파도에 휩쓸리지 않고 아침마다 마음을 씻어내면서 의식을 명징하게 할 수 있었습니다. 나는 왜 창업을 했는가, 무엇을 이루려고 하는가, 어떤 것이 중요한가를 정리했습니다.

'과정에서 의미를 찾는다'는 말의 진짜 의미는 내가 걷는 한 걸음을 존중한다는 뜻입니다. 결과 중심으로 평가하고 빠른 시일 내에 성과가 보이지 않으면 아무것도 안 했다고 하는 세상에서 꾸준히 걷는 것의 의미를 스스로 만들어가는 일입니다.

'○○이 되었다'라는 완료형은 '하고 있다'라는 무수한 진행형의 순간이 쌓인 후에야 가능합니다. 과정을 무한 반복해야 결과가 나옵니다. 삶이 오로지 현재인 이유는 우리가 과정을 살지 결과를 사는 게 아니기 때문입니다. 설령 결과가 기대에 미치지 못하더라도 과정의 시간은 온전히 나의 것입니다. 그래서 타인의 속도는 내 속도가 아니며 내가 한 것만큼만 마음으로부터 나아갈 수 있음을 깨닫게 됩니다.

매일 아침 뇌를 진공 상태에 넣었다 빼는 정적의 시간을 가지며 영문도 모른 채 가속도에 떠밀리지 않고 나에게 주의를 집중하며 회복할 수 있었습니다. 포기하지 않고 커밍비를 지속할 수 있는 것도, 나를 구성하는 다양한 정체성과 내가 살고 있는 삶(현재)과 내가 살고 싶은 삶(미래) 사이에서 균형을 잡는 그 시간을 계속하고 있기 때문입니다.

우리는 죽을 때까지 흔들리며 살아갈 터입니다. 누구도 건드릴 수 없는 나의 내면을 만나는 시간이 흔들림을 견디는 힘을 갖게 합니다. 내 안을 살피며 마음으로부터 나아갈 때, 느리지만 한 발자국씩 꾹꾹 밟으며 걸을 수 있습니다.

자기돌봄은 관찰과 공감이다

삶의 여정에서 늘 안정적일 수 없음을 알고 있습니다. 안도감과 불안감, 희망과 절망, 긍정과 부정, 시도와 좌절, 자율과 통제, 자유와 속박, 사랑과 증오, 인정과 무시 그 사이에서 삶이 움직입니다. 양극보다 이쪽과 저쪽 **사이에서** 더 많은 일이 일어납니다. 이분법적 시각으로 어느 한쪽만 맞다고 주장하는 것은 삶에서 가능하지 않습니다. 기쁨의 순간은 어느새 고뇌로 변합니다. 사랑하면서도 미울 때가 있습니다. 자유를 갈망하면서도 구속이 주는 안정감을 필요로 합니다. 새가 좌우의 날개로 날 듯 이쪽과 저쪽을 오가며 삶이 흐릅니다. 자기돌봄은 이 모든 순간을 합한 것이 '나'임을 수용하는 과정입니다.

'사이'의 시공간에서 나에게 무슨 일이 벌어지고 있는지 알기 위해 '자기 관찰'을 합니다. 나에게 관심을 기울여 내 몸과 마음을 느끼고, 기분과 생각을 알아차립니다. 관심을 갖는 것은 시간과 정성을 들이는 일입니다. 내 감정과 느낌이 어떤지, 어떻게 변하고 있는지 잘 보고, 내 마음의 소리를 듣는 일입니다. 나를 이해하기 위해 시작된 관찰은 외부세계로 **관심의 원**이 점점 넓어집니다.

평가하거나 판단하지 않고 있는 그대로의 나를 받아들입니다. 기쁨과 슬픔, 안정감과 두려움 사이에서 흔들리는 자신을 인정하고 공감합니다. 자기 공감(self empathy)은 자신의 모든 감정과 경험, 실수도 수용하여 스스로 위로해주는 일입니다. 자기 상처와 슬픔을 성찰하여 나를 공감해줄 때 타인에 대한 공감도 가능합니다.

자기돌봄은 자신을 투명하게 인식하는 **자기 관찰**과 자신을 수용하고 인정하는 **자기 공감**으로 구성됩니다. 내면에 관심을 가짐으로써 마음이 편해지고, 자신을 보살피면서 타인도 돌볼 수 있게 됩니다. 자기 자신에서 가족으로, 타인으로, 이웃으로, 돌봄의 원이 확장됩니다.

[자기돌봄]

자기 관찰
Observation

• 나에게 관심을 기울여
• 몸과 마음을 느끼고
• 관찰함

자기 공감
Empathy

• 있는 그대로의 나를 수용
• 내 감정을 인정하고
• 욕구를 이해함

나는 그저 다른 무엇이 아닌 자기 자신이 되는 것이 훨씬 더 중요한 일이라고 간단하게 그리고 평범하게 중얼거릴 뿐입니다.

_버지니아 울프, 『자기만의 방』

　자기 자신이 됨으로써 기존의 관념이나 관습에서 벗어나 삶의 구체적 현실에 직면하게 되고 활기 넘치는 삶을 살 수 있다고 버지니아 울프는 말합니다. '자기 자신이 되는 것'은 내가 누구이고 지금 어떤 상태인지 알아차리는 자기돌봄과 같은 의미입니다. 나를 인식하여 자신을 둘러싼 환경과 자아를 구분하고, 외부세계와의 관계를 알 수 있습니다. 흐릿한 유리창을 닦으면 유리에 비친 나뿐 아니라 창밖의 세상도 선명하게 보이는 것과 비슷합니다.

　다른 누가 아닌 나 자신이 되는 것은 삶에 생기를 불어넣습니다. 자기 감정을 이해하면 감정을 조절하고 스스로 선택할 수 있는 힘(empowerment)이 생기기 때문입니다. 자신의 삶을 건강하게 변화시키려고 하는 개인들이 가진 내면의 힘은 타인에게도 **공명**을 일으킵니다. 자기돌봄은 나만 잘 살겠다고 하는 게 아닙니다. 나로부터 시작된 변화가 바깥으로 확산되면서 사회에도 파장이 일어납니다. 사회는 다양한 개인들이 모인 집합이고, 개인의 삶이 변할 때 사회의 형상(形像)도 변합니다.

개미의 눈과 매의 눈으로

개미의 눈으로 본다면, 우리는 일개미든 여왕개미든 각자의 역할을 하는, 일상을 살아가는 존재들입니다. 자기 삶의 자리에서 자신과 가족, 내가 속한 집단을 충직하게 지키고 있습니다. 구체적인 삶의 현장에서 부지런히 살아가는 개미들이 있어서 사회가 돌아갑니다. 하지만 개미로서의 자아만 갖는다면, 땅에 붙박인 존재로 자기 영역에 갇히기 쉽습니다.

매의 눈으로 본다면, 우리는 거대한 사회의 일부이지만 자연의 생태계를 구성하고 만들어가는 주체입니다. 내 삶을 위에서 내려다보는 시야를 가진다면, 부모로서 나의 양육이 사회에서 어떤 의미가 있는지, 우리 아이가 성장하는 환경은 어떤 상황인지, 현재 내 고민이 개인적인 것인지 사회적인 것인지, 일하는 사람으로서 내 일이 사회 구조 안에서 어떤 위치에 있는지, 우리 조직은 어떤 상태인지 이해할 수 있습니다.

'각자도생'은 모든 문제를 개인의 책임으로 돌려 개인들은 쉽게 탈진하고 이면에 있는 사회 구조를 보지 못합니다. 개인이 노력해서 해결할 삶의 과제들과 사회적으로 힘을 합쳐 함께 해결해야 할 과제들은 다르기 때문입니다. 시야를 확장하여 개인이 속해 있는 맥락(context)을 이해하면 힘을 낼 수 있습니다. 나 자신과 내가 사는 시공간만 보던 시각에서 벗어나 전체 구조 속에서 사고할 때, 내 삶이 어디에 자리하는지, 어디로 가고 싶은지, 연대할 타인은 어디에 있는지 찾을 수 있습니다.

개인의 삶에서는 개미의 눈으로, 사회 구조에 대해서는 매의 눈으로, 개미의 눈과 매의 눈 사이를 왔다 갔다 하며 균형을 찾을 때 변화의 방향성이 보입니다. 자기 삶의 의미를 깨달은 개인은 전과 똑같이 살 수 없습니다. 작건 크건, 사소하건 중대하건 변하기 시작합니다. 변화의 여정에서 실패하고 좌절하겠지만, 변화를 견디는 과정에서 단단해집니다. 견고해지는 **과정을 사는** 자아, 변하고 있는 주체, 내적으로 강화된 주체가 사회를 바꿉니다. 자기돌봄을 통해 내면의 힘을 키우는 사람들이 사소하지만 작은 실천을 지속하면서 사회적으로 의미 있는 변화를 일으킵니다.

존중과 배려는 누구로부터 시작되는가

자기돌봄이 타자와의 관계에 영향을 미치는 첫 번째 현장은 가정입니다. 내가 하는 말 한마디, 사소한 행동 하나가 살을 부대끼며 사는 가족, 특히 아이들에게 파장을 일으킵니다. 부모의 영향력을 알기에 말과 행동을 조심하려고 노력합니다. 가정은 아이가 처음으로 사랑을 경험하는 공간이고, 사랑은 존중과 배려에서 시작되기 때문입니다.

많은 부모가 자녀 사랑에서 실패를 경험합니다. 『이상한 정상가족』은 나의 사랑의 방식과 양육에 대해, 당연하게 여겨왔던 가족 중심주의에 대해 되돌아보게 하는 책이었습니다. 부모의 자기돌봄이 가정에서 왜 중요한지, 누구부터 존중하고 배려해야 하는지 생각해 볼 수 있었습니다.

이 책은 가정에서 최약자인 아이의 인권을 중심으로 한국 사회에서 '정상가족'이 다른 형태의 가족을 어떻게 소외시켰는지 다룹니다. 아이를 훈육한다는 미명하에 자행되는 폭력인 체벌이 주요한 화두입니다. 체벌은 아이에게 "너의 몸은 온전히 너의 것이 아니며, 나는 언제든 너에게 손댈 수 있다"라는 메시지를 전달합니다. 체벌이 아이를 소유물로 인식하여 내(어른) 맘대로 할 수 있다는 관점이라면 체벌 금지는 아이를 자율적 인격체로, 온전한 인간으로 보는 관점으로 '신체적 온전성 보호'라는 철학에 기반합니다.

신체적 온전성(physical integrity)[2]은 자기 몸의 주인은 어른도 부모도 아닌 아이 자신이라는 뜻으로, 체벌 금지뿐 아니라 보살핌, 보호, 좋은 양육을 받을 권리까지 포함하는 개념입니다. 인간의 존엄성을 지키기 위해 인간에게 어떤 폭력도 가해서는 안 되므로 체벌은 금지되어야 합니다. 몸은 사람과 사람의 경계이고 그 경계를 함부로 넘어서는 것은 폭력이므로, 자기 몸의 주인인 아이를 온전한 존재로 인정해야 합니다. 몸을 존중하는 것은 인간의 자존을 지키는 시작점이기도 합니다.

그러나 아이에게 소리 지르거나 화낸 후에 아무리 의도가 선했더라도 나의 말과 행동이 정서적 폭력은 아니었나 고민하곤 합니다. 신체적 체벌은 명시적이어서 했는지 안 했는지가 분명하지만, 마음에서 비롯된 말이나 비언어적 표현은 모호하더라도 체벌만큼 가학적일 수 있습니다. 책을 읽을 때마다 자신을 돌아보며 변하려고 노력하지만, 우리는 실수하기 일쑤입니다. 내 아이한테도 잘못하는데 이게 다 무슨 소용인가 싶어서 아이에게 미안함이 솟구칩니다. 잘하고 싶은 마음이 있어도 원하는 만큼 바뀌지 않음을 자각할 때 좌절합니다. 오랫동안 뇌에 각인되어 있던 생각과 행동의 패턴이 습관화되어 있기 때문입니다.

있는 그대로 나를 인정해야 할 순간은 바로 이때입니다. 실수를 반복했더라도 잘하고 싶었던 마음은 여전히 살아 있습니다. 실패해서 부서지는 마음을 애도하고 자신의 연약함을 인정합니다. 죄책감은 현재를 사는 힘을 무너지게 하므로 스스로 비난하거나 원망하지 않습니다. **아이를 온전한 존재로 인정하려는 마음으로 지금 이대로의 나를 인정합니다.** 아이가 잘했건 잘못했건 존재 그 자체로 인정하려는 노력을 나 자신에게도 동일하게 해줍니다.

타인에게 어떤 폭력도 가하지 않겠다는 다짐은 자신에게도 똑같이 적용됩니다. **존중과 배려의 대상에는 아이만이 아니라 나 자신도 포함됩니다.** 자신을 인정하고 공감하는 자기돌봄을 한다면 거기서 생긴 마음의 힘으로 아이도 인정하고 존중할 수 있습니다.

아이의 존엄성을 지키는 것은 나의 존엄성을 지키는 것과 다르지 않습니다. 나를 존중하지 못하면서 아이를 존중하기는 어렵습니다. 자신을 존중하는 마음으로 아이를 존중하고, 이런 노력이 지속될 때 가정에서의 변화가 사회로 이어집니다. 폭력이 아니라 존중이 내면화된 아이들이 자라는 세상은 지금보다 조금 더 좋아질 것이기 때문입니다.

"잊어버리지 않는다는 것보다 더 꾸준한 실천은 없기 때문이다"[3]라는 말은, 자각이 일어났던 순간을 기억하며 그때의 다짐을 포기하지 않고 꾸준히 시도하는 게 중요하다는 뜻입니다. 내 아이들을 어떻게 사랑하겠다고 결심했던 순간, 아동 학대 사건이 터질 때마다 어른으로서 내 일상에서 어떻게 하겠다고 마음먹었던 순간, 사회 문제들에 분노하며 내 삶의 현장에서 어떻게 살아야 할지 고민했던 순간, 충격과 실망을 안겨준 커다란 사건들을 보며 어찌할지 몰라 혼란스러웠던 순간을 기억하는 것입니다. 개인의 삶과 사회의 간극, 이상과 현실 사이의 분열, 바람과 실패 사이의 긴장을 인식하는 것입니다.

간극과 분열, 긴장이 삶에서 불가피함을 인정하고 이를 견디는 힘을 키우는 과정이 자기돌봄입니다. 있는 그대로의 나를 존중하며 타인을 배려하는 노력을 꾸준히 지속할 때, 작은 개인들의 변화가 모여 사회의 형상을 바꿉니다.

자존을 지키는 삶

우리가 의식하지 못해도 일상은 사회경제 구조와 역사적 틀 위에서 움직입니다. 정보통신 기술의 발달과 4차 산업혁명, 한국 사회의 민주화와 자본주의 발달, 교육과 정치 체제 같은 것들이 우리가 경험하는 모든 순간에 영향을 미칩니다. 나도 모른 채 나의 일부가 된 것들, 내게 주입된 것들, 값없이 받은 것들, 선택하지 않았으나 감당해야 하는 것들이 있습니다. 거대 구조가 개인의 삶을 결정짓는다면, 그 안에서 주체가 무엇을 할 수 있는지, 주체가 바꿀 수 있는 것은 없는지 고민됩니다.

하지만 개인의 작은 힘이 모여 집단적 의지와 실천으로 사회적 불의와 불평등을 극복한 사례를 어렵지 않게 발견할 수 있습니다. 한 번의 싸움으로 모든 것을 바꿀 순 없지만, 꾸준한 노력과 소소한 도전이 쌓여 커다란 변화가 일어난 증거들을 목도합니다. 이런 변화는 포기하지 않는 개인들이 있어서, 지쳐 넘어지면서도 다시 일어서는 내면의 힘을 가진 자아들이 있어서 가능했습니다. 전체 구조의 부품일 뿐이라고 체념하지 않고, 내가 어디에 있고 내가 노력한 것은 무엇이고 어떤 의미가 있는지 기억하는, 깨어 있는 개인들입니다.

영화 〈노매드랜드(Nomadland, 2020, 클로이 자오 감독)〉는 겉으로 보면 사회적으로 소외된 존재들이지만, 늠름하게 자기만의 삶을 일궈가는 사람들의 이야기입니다. 덜 가졌지만 더 풍요로운 삶, 가난하지만 생(生)의 정수를 아는 삶입니다. 이들이 문제적 사회를 용기 있게 통과하며 자유로운 삶을 선택한 것은 내적 강인함이 있기 때문입니다.

〈노매드랜드〉의 주인공은 2008년 미국 금융 위기 이후 치솟는 집값을 감당할 수 없어 길 위로 내몰린 은퇴자들입니다. 이들은 아마존 물류창고, 국유림 캠프장, 놀이공원, 사탕무 수확 농장 등 전국을 떠돌며 저임금 임시직 일자리를 전전합니다. 평생을 열심히 일했고 사회 규범을 충실히 따르며 살아온 중산층이었지만, 60세를 넘은 그들에게 여유로운 은퇴 생활은 없습니다. 자동차를 집으로 개조해서 사는 이들은 일자리가 있는 곳이면 어디로든 떠나는 유랑자(nomad)입니다.

그들은 유랑 생활의 노하우를 나누고 삶의 이야기를 공유하며, 고단한 삶의 자리에서 웃음과 위로, 함께하기의 기쁨을 찾아냅니다. 트레일러와 밴(van)은 생활 공간이자 삶의 터전이고, 하늘과 땅과 마주한 야외의 삶에서도 품위를 유지시켜 줍니다. 집값과 대출금의 압박에서 벗어난 유랑자들은 고정된 집이 없더라도 삶이 가능함을, 다시 일어나 자기만의 희망을 품고 살아갈 수 있음을 보여줍니다.

주인공 펀(프랜시스 맥도먼드)은 이웃과 언니, 데이브로부터 함께 살자고 권유받지만 밴에서의 삶을 선택합니다. 팍팍한 노동을 지속할 수밖에 없고 불안정한 주거가 계속되겠지만, 밴은 그녀에게 집(home)이자 소중한 기억을 품은 공간입니다. 밴에서 용변을 해결해야 하고 겨울 추위를 견디기 힘들어도 그녀는 누군가에게 의탁하지 않는, 자본에 종속되지 않는 삶을 선택합니다. 집에 정착한 삶이 육신의 편안함은 주겠지만, 그녀가 "집의 주인이 되는 게 아니라 집이 그의 주인이"[4] 될 것임을 알고 있기 때문입니다.

직장에서 오랫동안 인사과 업무를 맡았고 임시교사로 아이들을 가르쳤고, 지금도 플루트를 연주하고 책을 읽는 그녀이지만 정주(定住)하지 않습니다. 고된 노동으로 온몸이 아플지언정 노동을 통해 그녀의 자존(自尊)을 지키기로 합니다. 노동과 노동 사이, 이곳과 저곳 사이에서, 경외감을 자아내는 자연을 만날 수 있는 것은 큰 기쁨이자 위로입니다. 수천 수백만 년의 시간을 간직한 자연과 직면하면서 인간을 소외시킨 역사와 사회로부터 자유로워집니다.

〈노매드랜드〉에서 아름다운 자연을 촬영한 화면들, 폐허가 된 엠파이어시(市)와 노마드들의 캠프를 홀로 걷는 펀을 촬영한 화면들, 끝도 없이 이어지는 길을 달리는 차를 운전하는 펀을 촬영한 화면들은 어떠한 환경 속에서도 굳건하게 자신의 삶을 지키는 노마드를 표현합니다. 생존하는 것 이상의 삶, 견디고 버텨서 자신의 이상에 다가가는, 과정에서 의미를 찾는 삶입니다.

그들이 직면한 절망스러운 현실이 괜찮다고 말하는 것이 아닙니다. 노마드들의 삶에 닥친 위기는 개인의 문제가 아니라 시스템의 실패임이 분명합니다. 신자유주의와 자본주의, 오만한 능력주의는 무책임했고 거대 플랫폼 기업은 그들을 이용하고 버렸지만, 그들은 사회가 야기한 재난 앞에 주저앉지 않고 새로운 삶에 적응하며 강인하게 대처합니다. 안전하다고 여겼던 현실의 바깥으로 밀려난 후에야 그곳이 어떤 곳이었는지 깨닫습니다. 바깥으로 나와서 전체를 보는 시각을 갖게 되었고 안쪽에서 살 때와 다른 독립적인 삶을 펼쳐 갑니다.

영화를 보면서 "나도 얼마든지 그들처럼 될 수 있다"라고 느꼈습니다. 그들의 비관적 상황을 보며 나는 괜찮다고 생각하는 교만한 안도감이 아니라, 우리 시대의 자본주의적 삶에서 누구도 자유롭지 않음을 통감한 데서 오는 공감이었습니다. 그들의 용기와 회복력, 그래도 삶은 계속된다는 것에서 희망을 보았습니다. 내장에 분노를 쌓아두고[5] 절망하여 사회적으로 사라진 존재가 되는 게 아니라, 삶의 자리를 의연히 지키며 살아서 현존(現存)을 드러내기 때문입니다.

아무것도 할 수 없다고 무력감에 빠지기보다는 **자기 자신이 됨**으로써 활기차게 살아가는 그들은 내면의 힘을 가진 존재들입니다. 평생을 개미로 살았지만 이제 매의 눈으로 전체를 볼 수 있습니다. 최선을 다해 살았던 그 시간의 의미를 알고 있고, 자신들을 거리로 내쫓은 사회 구조를 인식하고 있고, 자신의 노동이 사회를 지탱하는 필수 노동임을 알고 있습니다. 외적 빈곤에도 불구하고 존엄성을 지키며 살아가는 그들은 시스템이 실패하였음을 드러내는 증거입니다. 연약하지만 연대하여 살아가는 그들은 빈부격차와 불평등이 심화되는 현실을 바꿔야 한다고 요구하는 실체입니다. 각자의 삶을 단단히 사는 주체의 힘, 미약한 주체들의 힘이 모여서 거대한 시스템에 균열을 일으킵니다.

자기돌봄은 내가 누구인지 알고 이해하여 스스로를 보살피는 일입니다. 그러나 자기 세계에 빠져서 세상과 유리된 삶과는 다릅니다. "한 사람이 자신의 상상력을 자기가 이해하는 것에 국한시키면" "그렇게 제한된 상상력 위에 삶을 꾸려 나가게 된다"[6]고 헨리 데이비드 소로는 말합니다. 한 개인이 생각하고 상상하는 것이 자기 자신으로 한정된다면 그의 삶은 자기만의 세계에서 벗어나기 어렵습니다. 나만 아는 것을 넘어서 주변을 돌아보려면 자기 안에 힘이 있어야 합니다. 〈노매드랜드〉의 그들처럼 스스로를 돌보고 챙겨 자신의 소중함을 인식할 때 타인에게 관심을 가지며 연대할 수 있습니다. 자기돌봄은 나를 사랑하는 것을 넘어 타인의 마음을 느끼고 서로 공명하는 데까지 나아갑니다. 지치더라도 다시 일어설 수 있도록 스스로 힘을 낼 때 함께 세상을 만들어나갈 힘이 생깁니다.

나를 돌보는 시간의 힘

자기돌봄의 힘을 경험하고 이를 다른 이들과 나누기 위해 자기돌봄을 실천하는 '커밍비 워크숍'을 시작했습니다. 참가자 중에는 부모이신 분들이 많았습니다. 부모의 삶은 여러 개의 안테나를 켜두고 다양한 자극과 신호에 반응하는 삶입니다. 아이를 돌보고 가정을 건사하고 생계를 담당하는 등 아침 일찍 일어나 잠들 때까지 수많은 일을 처리합니다. 나를 둘러싼 주변을 위해서는 시간과 정성을 들이지만, 정작 자신은 거기에서 소외되어 있습니다.

커밍비 워크숍에서는 매일 셀프 미션을 하며 나를 돌보는 시간을 갖습니다. 외부로 향해 있던 시선을 내부로 돌려 자신이 어떤지 느끼고 보살핍니다. 내면의 목소리를 듣고 자기 공감 연습을 거듭하면서 참가자들은 내적으로 편안해져 일상에서 활력을 찾고 관계도 좋아지는 효과를 거두었습니다.

나를 돌아볼 수 있도록 '공식적 기회'를 스스로에게 준 거 같아서 참 좋았다. 온전히 나를 위한 시간을 내기 위해 애를 쓰고, 마음 한켠을 내어주는 것은 가족을 위해서도 나를 위해서도 필요한 시간이라고 생각되었다. _1기

나를 돌아보면서 실제로 남편이나 아이에게 표출되는 모습도 더 건강해지고, 함께했기에 20일간 완주할 수 있었습니다. _2기

삶에 지쳐 나에 대해 잊어버리고 살았던 사소한 감정을 알게 되었고 나의 정체성을 일깨워준 프로그램. _3기

하면 할수록 진실된 '나'와 마주할 수 있게 된 점이 감사하다. 한동안 자존감이 낮아졌는데 셀프 미션을 하면서 점점 자기 표현, 자기존중 표현도 할 수 있게 되었다. 나의 장점, 가능성을 발견하면서 나에 대한 긍정적 정체성이 세워졌다. _4기

화가 나는 순간에 내 감정, 느낌, 욕구까지 생각해보고 한 템포 쉬게 되어 가족들에게 화를 덜 냄. 나 자신을 더 이해하고 공감함. _4기

너무 바쁘게 정신없이 시간이 흘러갔는데 매일매일 셀프 미션을 위해 앉아서 기록하며 하루를 돌아보고 기록할 수 있어

서 너무 좋았다. _5기

지금까지의 인생 키워드들을 뽑아내어 삶의 방향을 곧추 잡은 것. _6기

매일 하루를 돌아보는 시간을 가진 것. 머리로만 생각했던 것들을 글로 써서 가시화한 것. 그래서 내가 원하는 것, 하고 싶은 것, 잘하는 것을 조금 더 분명히 알게 되었다.
관찰 느낌 욕구를 정리하면서 우리가 정말 다양한 감정을 느끼고 사는데 '그걸 디테일하게 살피지 못했구나'라고 생각했다. 그래서 좀 더 나 자신의 감정에 관심을 가지게 됨! _7기*

제가 경험한 자기돌봄의 힘, 커밍비 워크숍에서 함께한 분들이 경험한 자기돌봄의 힘을 독자들과 나누기 위해 이 책을 썼습니다.
누구나 자기 안에 빛과 어둠을 품고 있습니다. 자기돌봄은 내면의 빛과 어둠, 둘 다에 관심을 기울이는 일입니다. 어둠은 자신을 돌보라는 신호입니다. 어둠을 외면하지 않고 나에게 주의를 집중함으로써 생각의 감옥에 갇히지 않게 됩니다. 불안과 걱정이 올라올 때

---

* 커밍비 워크숍에서는 자기돌봄을 연습하는 셀프 미션을 매일 수행한다. 2019년에 시작하여 1기부터 7기까지 운영하였다. 한 달 과정이 끝난 후 무기명 설문조사에 참가자들이 남긴 기록을 수록하였다.

회피하지 않고 귀 기울이고 직면할 때 마음의 힘이 생깁니다. 자신을 소중한 존재로 여길 때, 빛과 어둠이 교차하는 삶에서 힘을 낼 수 있습니다. '힘내!'라는 말은 주체가 이미 가지고 있는, 내면에 잠자고 있는 힘을 끌어내라는 뜻입니다. 이 책이 어둠이 다가올 때 위기를 감당하는 수용력을 키우고 우리 모두가 가진 내면의 힘을 키우는 데 쓰이기를 바랍니다.

우리 내면의 무한한 가능성을 발견하길 간절히 소망했던 글로리아 스타이넘의 글로 1부를 마칩니다.

자아발견이란 자신의 안에 있는 비전에 도달한 뒤, 그걸 현실화시키는 모든 것이다. 우리가 장차 무엇이 될 것인가에 대한 답은 '모른다'다. 우리는 모두 역사의 최전방에 있다. 하지만 우리는 안다. 우리는 미지의 세계에 대해 '네'라고 말함으로써 성장할 수 있다.

_글로리아 스타이넘, 「셀프 혁명」

2부

자기돌봄

살아 있는 모든 존재가 고통을 느낍니다.
고통은 우리가 살아 있음을 증명하는
감각적 실체입니다.
신체적 고통이 위험에 대한 신호라면,
감정적 고통은 자기를 돌봐주라는 신호입니다.
마음의 고통을 느낌으로써
내가 괜찮은지, 괜찮지 않은지를 알아차려
자신을 보호할 수 있습니다.

부모가 되면 내 몸 하나 챙기면 되는 자기돌봄에서 타인을 돌보는 데 집중하는 타인돌봄으로 삶이 전환됩니다. 아이가 영유아기일 때 부모들은 신체적으로나 정신적으로 가장 힘든 시간을 보냅니다. 삶의 우선순위가 가족 중심으로 바뀌면서 자신을 위해 사용할 시간이 줄어들고 공간적으로도 활동 범위가 줄어듭니다. 부모 정체성이 생활에 미치는 영향이 크기 때문에 기존의 정체성과 새로운 정체성 사이에서 어떻게 균형을 맞춰야 할지 잘 몰라 혼란을 겪습니다. 인생 전체를 놓고 보면 자녀 돌봄에 집중되는 시기는 10년가량이지만, 30~40대가 사회적으로 가장 왕성하게 활동하는 시기여서 육아 집중기의 부담은 더욱 크게 느껴집니다.

아이를 통해 다른 무엇과도 비교할 수 없는 행복을 경험함에도 불구하고, 돌봄에 소요되는 물리적 시간의 총량, 공간의 제약 등으로 인해 그만큼 고통을 느낍니다. 부모 초기에 겪는 어려움은 아이에게 막중한 책임감을 느끼고 이를 감당하려는 과정에서 발생합니다. 타인과 관계에서 갖는 책임감은 부모에게만 해당하지 않습니다.

우리는 가정뿐 아니라 일터에서, 다양한 시공간에서 여러 가지 역할 옷을 입고 살아갑니다. 주어진 역할을 다하고 약속을 지키고 책임을 지는 것은 어른으로서 자연스럽습니다. 어른의 사전적 정의는 '다 자라서 자기 일에 책임을 질 수 있는 사람'입니다. 책임은 자신을 돌보는 자기 책임보다 타인이나 외부와 연결된 일에 책임진다는 의미가 강합니다. 그러나 안쪽을 돌보지 않은 채 바깥으로만 에너지를 쏟을 경우 신체적으로나 정신적으로 이내 고갈되고 맙니다. 비가 내려야 산에 물이 흐르고 나무와 풀이 잘 자라듯 내면의 샘을 채워야 외부의 책임도 감당할 수 있습니다. 타인에 대한 책임이 굴레가 되지 않으려면 자기돌봄과 타인돌봄의 적절한 균형이 필요합니다.

누군가를 위해 희생한다고 할 때 그것이 자발적 선택이라 해도 스스로를 충전하지 않는 상황이 오래 지속되면 타인에 대한 원망이나 자아상실감이 유발됩니다. 그래서 어른의 책임감에는 타인에 대한 책임만이 아니라 자신에 대한 책임도 포함됩니다. 자신의 몸과 마음을 이해하여 내면의 소리를 잘 듣고 스스로를 돌보아 소진되지 않는 것이 자신을 책임지는 일입니다.

섬세한 자기 관찰

자기돌봄은 일어난 일을 **관찰**하고, 몸과 마음이 어떤지 **느끼고**, 마음속에 어떤 **욕구**가 있는지 파악하는 관찰−느낌−욕구의 과정으로 이뤄집니다. 이 책이 자기돌봄 방법으로 제시한 '관찰−느낌−욕구'의 과정은 '비폭력대화(Nonviolent Communication : NVC)' 방법론을 적용하였습니다.

비폭력대화는 마셜 로젠버그(Marshall B. Rosenburg)가 개발한 의사소통 방법으로, 타인의 말과 행동을 쉽사리 판단하거나 평가하는 대신, 내면의 소리에 귀 기울여 서로를 공감하는 연민의 대화입니다. 완력 같은 물리적 폭력뿐 아니라 언어 폭력, 심리적 고통을 주는 정서적 폭력도 폭력에 해당됩니다. 폭력의 대상에는 타인에게 가하는 폭력뿐 아니라, 자책이나 자기 비난처럼 나 자신에게 가하는 폭력도 있습니다. 마셜 로젠버그는 폭력을 '충족되지 못한 욕구의 비극적 표현'이라고 말합니다. 자기 마음속에 진짜 원하는 것(욕구)이 있으나, 원하는 것을 이룰 적절한 방법을 찾지 못할 때 폭력이 나타납니다. 갈등 상황에서 서로의 욕구를 평화적으로 충족할 길을 몰라 헤맬 때 상처 주는 말들, 비판의 언어들, 물리력이 튀어나옵니다. 이때 상대방을 비난하기보다는, 우리가 무엇을 보았(했)는지(관찰), 무엇을 느끼고(느낌), 무엇을 원하는지(욕구) 알아차려 상대가 이해할 수 있는 방식으로 부탁합니다. 비폭력대화는 나와 너의 고통을 이해하기 위해 '관찰-느낌-욕구-부탁'의 과정을 활용하는, 서로를 존중하고 배려하는 마음의 대화입니다.[7]

이 책에서는 자신에게 집중하여 감정과 경험을 명료화하는 자기 관찰을 위해 '관찰-느낌-욕구'를 활용합니다. 자신에게 일어난 일과 그 일에서 느낀 감정과 욕구를 정리합니다.

감정은 자신의 상태를 즉각적으로 알려주는 신호입니다. 감정은 신체적 상태, 내외부의 자극, 생각의 흐름 등에 따라 수시로 변화하기 때문입니다. 감정을 알아차리면 조절이 가능해집니다. 욕구는 감정이 유발되는 원천입니다. 욕구가 충족되면 기쁨, 행복, 만족스러움 같은 감정이, 충족되지 않으면 슬픔, 두려움, 화 같은 감정이 생깁니다. 자신의 욕구를 이해하면 감정을 느낀 이유를 알게 되어 훨씬 편안해지고 자기 공감을 할 수 있습니다.

'관찰-느낌-욕구'로 나를 돌보는 과정에서 몸의 감각도 섬세하게 느낍니다. 몸의 상태는 심리적 안전감, 정서적 안정에 큰 영향을 미치며, 외부 자극에 따른 감정의 역동은 몸의 반응으로 나타납니다. 몸은 내가 살아가는 실질적인 공간이어서, 몸의 감각과 감정의 관계를 이해하면 자신을 더 잘 알고 돌볼 수 있습니다.

삶의 숨구멍

감정-욕구-몸의 프로세스로 진행되는 자기돌봄은 자신에 대한 기록과 병행될 때 더 효과적입니다. 사람의 몸과 마음은 계속해서 변화합니다. 아주 짧은 순간에도 오만 가지 생각이 머릿속에 뒤섞입니다. 일어난 일과 감정, 욕구를 쓰는 작업은 내 안에서 벌어지는 일들을 시각화해주는 역할을 합니다. 여러 가지 생각과 감정이 마음속에 떠오르지만 1분 전에 떠오른 것도 기억하지 못할 때가 있습니다. 남겨두고 싶은 소중한 것들일수록 쉽게 휘발되고, 감정이 격렬할수록 감정의 소용돌이만 기억됩니다.

손으로 쓰면서 감각과 경험을 언어화하는 것은 인지적 활동으로, 감정과 생각을 정리하는 데 도움이 됩니다. 내면에서 일어나는 복잡하고 모순적인 감정을 기록하는 것은 아무에게도 털어놓고 싶지 않은 나만의 진실을 꺼내게 합니다. 자기 고민과 생각에 직면하여 혼란스러움의 실체를 파악할 수 있습니다. 나에 대한 글쓰기는 자기표현의 욕구를 충족시켜서 스스로에게 위안이 됩니다. 쓰기와 병행하여 자신을 돌봄으로써, 쓸수록 자신에게 투명해지는 경험을 할 것입니다.

> 콜럼바인 직후에 나는 글을 쓰면서 일시적이긴 해도 실질적인 위안을 얻을 수 있었다. 나는 일기장을 내 아들과 아들이 한 일에 대한 복잡하고 모순적인 무수한 감정들을 담아놓는 공간으로 삼았다. (…) 나 혼자서만이라도 우리 이야기를 하고 싶었다. (…) 또 입 밖에 내면 안전하지 않을 수도 있었던 나의 상실감을 일기에 털어놓을 수 있었다.
>
> _수 클리볼드, 『나는 가해자의 엄마입니다』

어른이 갖는 책임감에 대해 말하며 2부를 시작했습니다. 타인에게 책임을 다하는 것이 고단하더라도, 우리는 그 과정에서 사랑과 보람과 성장의 기쁨을 맛봅니다. 그러나 의무감에서 벗어나는 시간, 시시콜콜한 현실적 고민에서 이탈하는 시간, '~ 해야 한다'를 넘어서는 시간, 촌각을 다투는 상황에서 나와 해찰하는 시간이 필요합니다.

"여지는 삶에 있어 숨구멍 같은 것이었다"[8]라는 말처럼, 자신을 쓰다듬어주는 시간이 삶의 여지를 만듭니다. 타인에게 향해 있던 감각을 자신에게 향함으로써 마음에 산소를 들여오고 개미의 눈에서 벗어나 전체를 보는 시야를 얻을 수 있습니다. 어른됨의 영토 곳곳에 자기돌봄 지대를 마련하여, 타인에 대한 의무를 다하는 와중에도 마음의 숨을 돌리고 나를 보듬어줄 수 있습니다.

1 ___ 관찰, 다시 보기의 힘

자기돌봄의 첫 번째 단계에서는 나에게 일어났던 일과 상황을 관찰합니다. 언제(when) 어디서(where) 그 일이 일어났는지, 누가(who) 무슨 말을 했는지, 무슨(what) 일이 있었는지, 내가 혹은 그가 어떻게 (how) 반응했는지, 사실(fact)을 있는 그대로 기술합니다. **나의 주관적인 평가나 판단, 해석을 걸러내고 객관적인 시선으로 관찰하면서 정리해봅니다.**[9] 관찰은 일어난 일과 나 사이에 공간을 만드는 일입니다. 일과 나 사이에 빈 공간을 만들면, 내가 본(한) 것과 내 생각이 합착되어 불필요하게 감정에 휘둘리던 것에서 벗어날 수 있습니다.

인간의 기억은 주관적이어서 완벽한 재현은 불가능합니다. 하지만 복기하는 과정에서 어떤 말이나 상황에 화가 치밀어 올랐는지, 화나서 미처 알아채지 못했던 부분은 무엇인지, 굳이 그렇게 화내지 않아도 됐는데 과하게 흥분한 이유는 무엇인지, 내가 어떻게 느꼈고 그때 느낀 감정은 구체적으로 무엇이었는지 파악할 수 있습니다. **감정에 가려 보지 못했던 것을 관찰을 통해 다시 보게 됩니다.**

일어난 일과 나 사이의 공간
부부 관계에서 다툼이 일어나는 상황은 거의 정해져 있습니다.

가트맨(John M. Gottman) 박사는 어떤 부부에게도 해결되지 않는 갈등이 있다고 하면서 이를 '영속적인 갈등'이라고 부릅니다. 영속적인 갈등을 두 사람이 어떻게 다루는지가 관계의 질과 지속 여부를 결정합니다. 흔한 갈등으로 가사노동 분담이 있습니다. 설거지, 청소를 나눠서 하기로 했는데 한쪽에서 하지 않았을 때, '맨날 저런 식이야', '이걸 나 혼자 하라는 거야?', '왜 나를 무시하지?'와 같은 생각이 마음속에서 올라옵니다. 오늘만이 아니라 비슷한 상황이 반복된 이력이 있다면, 어느새 상대방을 속으로 비판하고 있습니다. 일어난 일 자체보다 이런 생각들이 화를 더 돋웁니다. 이것을 발화했을 때 싸움이 됩니다.

의식하지 못하고 내뱉은, '맨날' '항상' '언제나'로 시작되는 대화는 상대에 대한 판단과 평가를 내포합니다. 상대방은 이를 본능적으로 느끼고 비난으로 인식합니다. 누군가가 나에게 '넌 항상 그런 식이야'라고 말한다면, 설령 내 행동이 그러했다고 할지라도 격하게 화가 날 겁니다. 내 속마음이나 구체적인 상황을 잘 알지도 못하면서 나를 판단하는 것처럼 들리기 때문입니다.

관찰의 힘은 내가 본 것(일어난 일)과 생각한 것을 분간하는 데 있습니다. 화났던 때를 돌이켜보면, 일어난 사건 자체보다 내 생각과 해석이 더해지면서 안 좋게 심화되는 경우가 많습니다. 부부싸움에서 상대방이 나를 무시한다고 생각할 때, 무시(無視)는 보지[視] 않음 또는 못함[無]을 뜻합니다. 무시당했다는 생각은 상대방에게 배려받고 싶었던 내 마음을 그가 봐주길 원했던 희망의 다른 표현입니다.

하루 종일 가사와 육아로 힘들었던 나를 그가 봤는지 못 봤는지, 안 봤는지는 알 수 없습니다. 행위의 결과로서 설거지하기로 한 약속이 깨졌다는 사실이 존재합니다. 그가 나를 무시했다고 해석하는 순간, 감정은 한층 격앙됩니다. 그가 설거지를 안 해서 내가 해야 하는 상황이 객관적 사실이라면, '무시했다'는 그가 나의 고단함을 알아주지 않았다고 판단한 것으로, 서운하고 속상하고 열받고 실망스럽고 억울한 감정으로 심화됩니다.

관찰이 일어난 일과 생각을 구별하는 것이라고 할 때, 생각에는 해석, 평가, 판단, 추측이 포함됩니다. 과거의 경험, 기억, 가치관 등에 기반하여 현재의 일을 해석합니다. 인간의 생각하는 능력은 인류 역사에서 인간이 생존하고 적응하는 데 매우 중요한 역할을 해왔습니다. 생각함으로써 우리는 위기에 대처할 수 있었습니다.

그러나 일어난 일을 파악하는 것보다 생각이 앞서면 중요한 사실을 간과하거나 상황을 감정적으로 확대 해석하는 일이 생깁니다. 강한 감정이 생각과 동반될수록 해석과 평가는 비판과 비난으로 전환됩니다. 한 사건에 대해 어떤 감정을 느꼈는데, 그 사건을 해석하면서 감정이 격해지고, 감정이 격해지니까 해석이 비판으로 바뀌면서 일어난 사건이 심각한 비극이 됩니다.

오늘 저녁 그가 설거지하지 않아서 짜증이 났고, '저 사람은 늘 약속을 안 지키네. 내 말이 말 같지 않은가?'란 생각이 들었고(해석), 나도 애 보고 일하느라 힘들었는데 알아주지 않아서 서운하고(감정), 서운한 감정이 들면서 '저 사람은 나를 배려하지 않아'란 생각이 들었고(판단), 이 생각이 들자 억울한 감정이 앞서고(격화된 감정), '나를 사랑하긴 하는 건가?'란 생각을 하면서 비참한 심정이 드는 식입니다.

자기돌봄에서 관찰은 사실을 재인식하게 하여 감정에 휘둘려 에너지가 고갈되지 않도록 막아줍니다. 사실을 객관적으로 보려는 과정에서 상황에 깊숙이 빠졌거나 흥분했을 때 가려졌던 시야를 확보합니다. 관찰하면서 일어난 일을 써내려갈 때 내 선입관이나 추측을 분리할 수 있습니다. 상황과 감정을 떨어뜨려 그 사이의 공간을 만듦으로써 감정에 종속되지 않고 지나친 염려나 비관으로 빠지지 않습니다. 관찰자가 돼서 자신에게 일어난 일을 적어보는 시간은 그 일을 재경험하고 스스로 정리하는 기회가 됩니다.

2 ___ 느낌, 내 감정을 아는 것의 힘

> 내 생각이 옳은가 내 감정이 옳은가. 감정이 항상 옳다. '나'라
> 는 존재의 핵심이 위치한 곳은 내 감정. 내 느낌이므로 '나'의
> 안녕에 대한 판단은 거기에 준해서 할 때 정확하다.
>
> _정혜신, 「당신이 옳다」

자기돌봄의 두 번째 단계에서는 어떤 일에 대해 내가 어떤 **감정**을 느꼈는지 알아차리고 그 감정을 표현하는 단어를 적어봅니다. 말이 명확해야 화자의 의도를 이해할 수 있듯이, 구체적인 단어로 자기 감정을 기록하는 것은 자신을 이해하는 데 도움이 됩니다. 감정을 **언어화**함으로써 내 감정의 **실체**를 알고 감정을 조절하는 힘을 키울 수 있습니다.

감정은 **외부와 내부의 자극에 따른 자연스러운 반응**입니다. 구름이 생성되면 비나 눈이 내리고 구름이 소멸하면 화창한 날씨가 되는 것과 마찬가지로, 삶의 여정에서 경험하는 무수한 일에 우리는 항상 감정을 느낍니다. 감정을 느끼는 것은 본능적인 반응이므로 감정에 옳고 그름은 없습니다. NVC에서는 감정을 욕구의 충족 여부에 따른 결과로 봅니다. 원하는 욕구가 충족되면 기분이 좋아지고, 욕구가 충족되지 못하면 기분이 나빠집니다.

하지만 우리는 감정을 느끼기보다 외면하는 데 익숙합니다. 감정을 표현하는 단어가 셀 수 없이 많음에도 불구하고, 사용하는 어휘가 제한적이라는 사실은 감정에 무관심한 사회문화적 영향입니다. 기분이 좋다, 나쁘다 같은 단어만으로는 자신의 느낌을 정확하게 이해하기 어렵습니다. 기분이 안 좋긴 한데 뭘 느끼는지는 명확히 모르는, 뭉뚱그려진 상태입니다. 화난 감정을 표현하는 단어는 열받는, 짜증나는, 속상한 등 채 열 개를 넘지 않는 경우가 많습니다.

가사노동 분담으로 싸울 때 상대방에게 화나는 감정은 서운함일 수도, 실망스러움일 수도, 억울함일 수도, 외로움일 수도 있습니다. 서운할 때는 피곤하고 지친 내 상태를 그가 알아주고 배려받고 싶은 욕구가 충족되지 않아서입니다. 실망스러울 때는 약속이 지켜지지 않아서입니다. 가정이라는 공동체를 함께 만들어가는 파트너로서 신뢰, 믿음의 욕구가 충족되지 않기에 그렇습니다. 억울함일 때는 그도 나도 똑같은 부모인데 아이는 혼자서 키우는 기분이고, 육아에 필요한 돌봄노동이 나에게만 편중되고 있다는 판단에 기인합니다. 부모로서 공평하게 돌봄을 나누길 바라는 욕구가 충족되지 않을 때 억울함을 느낍니다. 외로움일 때는 삶의 동반자로서 친밀함이나 사랑을 느끼지 못해서, 존중받지 못한다고 느껴서입니다.

이 중에서 어떤 느낌의 단어냐에 따라 감정의 **강도**도, 감정의 **결**도 다르고, 충족되지 못한 욕구도 다릅니다. 느낌을 단어로 표현하면 자신의 상태를 구체적으로 인지할 수 있습니다. 그래서 자기돌봄의 두 번째 단계에서는 일어난 일에 대한 감정을 천천히 느끼고 감정 단어로 표현하는 연습을 하면서 내 감정의 실체를 알아차립니다(pp. 64~65 감정 단어 참고). 내면에서 우러나오는 마음의 소리를 듣는다면 감정의 혼돈으로부터 빠져나와 편안해질 수 있습니다.

왜 우리는 감정을 판단할까?

『빨강 머리 앤』에서 앤은 즐거움도 고통도 강렬하게 느낍니다.

"어떤 희망이나 계획이 원하는 대로 되지 않으면 앤은 '절망의 늪'에 빠져버리고, 그 일이 이루어질 듯하면 곧장 환희의 세계로 치솟아 올라 기뻐하며 어쩔 줄 몰라 했다."[10]

매사에 차분하고 규칙을 지키며 살아온 마릴라 아주머니는 앤의 감정의 파고를 걱정합니다. 모든 일에 마음을 너무 쏟는 게 충동적으로 보였고, 좋은 일과 나쁜 일이 반복되는 삶이 앤에게 너무 힘겨울 것 같다고 생각해서입니다.

마릴라 아주머니의 걱정에도 불구하고, 앤은 기뻐한 만큼 슬퍼하고 좌절한 만큼 다시 희망하며 성장합니다. 아이들에겐 회복력이 있어서 감정이 억압당하거나 부정당하지 않으면 다시 제자리로 돌아올 수 있습니다. 체온, 혈당, 수분 조절 등 신체의 항상성이 생존에 필수적이듯, 감정에도 '항상성'이 중요합니다. 아이들은 어른들보다 감정의 항상성이 높아서 스스로 회복됩니다. 그토록 슬퍼하고 울고 불고했다가도 시간이 조금 지나면, 자고 일어나면 언제 그랬냐는 듯 행복해집니다.

감정 단어
Feeling List

편안한	안심이 되는, 느긋한, 긴장이 풀리는, 여유로운
개운한	산뜻한, 상쾌한, 후련한, 가벼운, 가뿐한, 홀가분한
시원한	상큼한, 쾌적한, 통쾌한
명랑한	유쾌한, 쾌활한, 활발한
활기찬	기운이 나는, 생기가 도는, 신나는

기쁜	즐거운, 행복한
사랑하는	사랑받는, 사랑스러운, 정겨운, 친밀한, 친근한
따뜻한	포근한, 다정한, 반가운
감사한	고마운, 충만한

만족스러운	흡족한, 뿌듯한, 흐뭇한, 든든한
감동한	감격스러운, 뭉클한, 환희에 찬, 황홀한, 가슴 벅찬
경이로운	놀라운, 신기한

재미있는	흥미로운, 끌리는, 짜릿한
희망찬	용기 나는, 기대에 부푼, 두근거리는
당당한	자신감 있는, 떳떳한
평화로운	평온한, 차분한, 고요한, 담담한

화나는	열받는, 짜증 나는, 끓어오르는, 화끈거리는
분노한	노여운, 울화가 치미는, 억울한, 분한
미운	야속한, 얄미운, 보기 싫은
놀란	당황한, 당혹스러운, 혼란스러운
무서운	두려운, 겁나는, 오싹한, 섬뜩한, 소름 끼치는
역겨운	불쾌한, 구역질 나는
부끄러운	창피한, 민망한, 쑥스러운
슬픈	마음 아픈, 서글픈, 안타까운, 서러운, 가슴 저미는, 애달픈
불쌍한	측은한, 가여운, 안쓰러운
외로운	쓸쓸한, 적적한, 울적한
서운한	섭섭한, 아쉬운, 미안한
간절한	절실한, 절박한
긴장한	떨리는, 초조한, 조바심 나는, 조마조마한, 숨 막히는
걱정되는	근심스러운, 염려되는, 신경 쓰이는
불안한	암담한, 까마득한, 막막한, 앞이 깜깜한
좌절한	절망스러운, 낙담한, 실망스러운
괴로운	고통스러운, 참담한, 비참한, 속상한, 쓰라린
힘든	어려운, 고달픈, 버거운, 착잡한
불편한	거북한, 난처한, 답답한, 어색한, 서먹한
언짢은	씁쓸한, 못마땅한
애매한	모호한, 묘한, 찝찝한
허탈한	공허한, 허전한
피곤한	지친, 노곤한, 고단한
심심한	무료한, 따분한, 무덤덤한
지루한	지겨운, 권태로운, 맥 빠진
무기력한	귀찮은, 우울한, 침울한, 의기소침한, 무력한, 멍한

감정에 솔직한 아이들과 달리 어른들은 그렇지 않습니다. 마릴라 아주머니처럼 너무 실망하면 상처받을까 봐, 심하게 고통을 느낄까 봐 두려워 중립적인 상태를 유지하기로 했을 수 있습니다. 하지만 감정을 좋은 것과 나쁜 것으로 나누는 판단이 개입되어 부정적인 감정을 일부러 차단하는 경우가 더 많습니다.

가까운 지인에게 일할 때 기분이 어떠냐고 물었던 적이 있습니다. 그는 기분 같은 것 생각할 겨를이 어딨느냐고, 그냥 한다고 답했습니다. 감정을 느끼지 않아서가 아니라 부정적인 감정이 일하는 데 방해가 될까 봐 무시하는 것입니다. 저도 강한 감정을 인정하면 일을 못 할까 봐 감정을 외면한 적이 많습니다. 감정을 드러내면 사람들이 나를 나약하다, 미숙하다고 생각할까 봐 감정을 숨기기도 했습니다.

감정에 대한 회피 전략은 당면 과제를 수행하는 데 단기적 효과는 있으나 오히려 위험한 상태가 될 수 있습니다. 감정을 부인하거나 억압하는 기간이 오래되면 자신이 무엇을 느끼는지도 모르는 무감각 상태가 됩니다. 무감각해지면 부정적 감정뿐 아니라 기쁨이나 감사와 같은 긍정적 감정도 느끼지 못합니다. 감정을 무시하고 억압하다가 내면에 고이고 고여서 심리적이거나 신체적인 문제로 악화되기도 합니다.

슬픔이나 분노 같은 감정이 올라올 때 그 감정에 머물기보다는 도망치려고 할 때도 허다합니다. 화가 날 때 상대방을 비판하거나 자신을 비난합니다. 무엇에 화가 났는지, 내 감정은 어떤지, 나는 무엇을 원했는지 내 안을 살피기보다 남 탓을 하여 화살을 돌리거나 반대로 모든 것이 자기 탓이라고 자책합니다. 술을 마시거나, 게임에 몰두하거나, 쇼핑을 하는 등 화난 상황을 잊기 위해 도피합니다. 잠이 안 올 정도로 속이 상해서 혼자 속을 끓일 때도 비일비재합니다.

억누른다고 해서 감정은 사라지지 않습니다. '생각하지 말아야지' 수십 번 다짐해도 고구마 줄기처럼 생각이 가지를 쳐서 감정이 점점 증폭됩니다. 수도를 틀어놓은 상태에서 호스를 막아버리면 수압이 높아져 어딘가가 터져버리듯, 감정이 흐르지 못하게 막으면 예상치 못한 곳에서 분출됩니다. 감정을 누르면 일시적으로는 둔감해져서 괜찮은 듯하지만, 내면에 쌓여서 마음의 압력이 높아지다가 결국 폭발합니다. 참고 참다가 지나치게 화내거나 엉뚱한 대상에게 화풀이를 해서 자신도 후회가 크고 상대방도 큰 상처를 받습니다.

감정에 대한 판단에는 사회적 요인도 작용합니다. 잘 울고 눈물이 많은 남자아이가 있습니다. 아이가 우는 것은 감정에 따른 자연스러운 반응인데, 부모는 아이가 다른 사람 눈에 약해 보일까 봐, 남자애가 운다고 친구들이 놀릴까 봐 걱정돼서 울지 말라고 합니다. 성별 고정관념이 뿌리 깊어 아이의 감정을 판단하는 것입니다.

엄마들이 느끼는 죄책감도 있습니다. 독박 육아가 오래 지속되고 신체적으로 피곤한 상태인데 아이까지 아프다면 화도 나고 짜증도 날 수 있습니다. 나쁜 엄마여서가 아니라, 스트레스가 높아서 생긴 결과입니다. '아이는 엄마가 키워야 한다, 엄마는 강하다'와 같은 가부장적 관념이 내면화되어서 자기 감정을 무시하고 죄책감을 가집니다.

아동심리학자이자 심리치료사였던 하임 기너트(Haim G. Ginott)는 어렸을 때 받은 훈련과 커서 받은 교육이 우리가 감정에 대해 편견을 갖게 만들었다고 지적합니다. 행동 자체는 평가하거나 판단할 수 있지만, 감정은 그럴 수도 없고 그렇게 해서도 안 됩니다. 감정에 판결을 내리는 것은 자유로운 사고와 정신 건강을 해치기 때문입니다.[11]

감정은 내면에서 보내는 신호

내면에서 올라오는 감정에 대한 억압, 감정에 대한 사회적 판단은 긍정 감정보다 부정 감정에 대해 강하게 작용합니다. 감정은 이성적 사고 이전에 무의식적으로 느끼는 본능적 반응인데, 긍정 감정은 좋은 것, 부정 감정은 나쁜 것으로 나누어 감정을 위계화합니다. 부정 감정은 내면에 중요한 것이 있음을 알리는 신호입니다. 긍정 감정과 마찬가지로 부정 감정도 나의 일부분이며, 자신을 지키고 보호하는 일차 방어선입니다.

우리는 수시로 미래에 대한 불안에 빠져듭니다. 평생을 일하고 은퇴를 앞둔 중년도, 아이 키우느라 일을 그만둔 지 몇 년이 된 여성도, 취직 준비를 하는 20대도 미래가 불안합니다. 불안은 미래를 살아보지 않은 우리가 현재에서 미래로 나아가기 위해 느끼는 감정입니다. 불안을 느끼며 현재 상황을 파악하고 내가 어떤 미래로 가고 싶은지 상상하고 현재와 미래 사이에서 어떤 경로를 만들지 생각합니다. 수렵채집 시대에 인간은 무섭고 불안한 감정을 느껴서 자연의 위협에 대비하고 자신을 보호할 수 있었습니다. 21세기를 살아가는 우리 또한 불안한 감정을 느껴서 현재를 분석하고 미래를 준비하며 살아갈 방법을 찾습니다.

육아의 현장에서 빈번하게 느끼는 부정 감정도 있습니다. 아이에게 소리 지를 때 엄마는 짜증나고(엄마도 힘든데 아이가 보채서) 미안하고(사랑하는 아이에게 소리 질러서) 서러운(힘든데 도와줄 사람이 없어서) 기분입니다. 이런 감정은 자신을 돌봐주라는 절절한 신호로, 신체적인 휴식과 정서적인 지지가 절실함을 나타내는 지표입니다. 몸과 마음이 보내는 신호를 인지하여 자신을 위로하고 신호에 맞춰 행동하는 것이 필요합니다.

인간관계에서 분노 감정을 느낄 때도 있습니다. 격한 감정일수록 개인의 오랜 기억, 둘 사이에 쌓인 역사가 깊어서 발생합니다. 걱정도 자주 느끼는 감정입니다. 어떤 상황에서 무엇을 걱정하고 있는지, 무엇에 분노하는지 조용히 들여다보면 감정의 소용돌이에 빠지지 않을 수 있습니다.

우리가 흔히 부정 감정으로 분류하는 슬픔, 분노, 혐오, 공포와 같은 감정은 개인의 사적 경험과 심리적 특성, 조직 또는 관계 속에서의 사람들 사이의 역동, 사회 구조, 관습과 이데올로기 등 복합적인 요인에서 비롯됩니다. 부정 감정은 이면에 수많은 이야기를 함축하므로 긍정 감정보다 소화되는 데 더 많은 시간이 걸립니다. 감정을 충분히 느끼기도 전에 긍정 감정으로 바꾸려고 하면 에너지만 많이 들 뿐 바로 전환되지 않습니다. 억눌러도 어느새 감정은 다시 올라오고, 계속 막아도 언젠가 쏟아집니다.

부정 감정을 느낄 때는 억압하기보다 알아차리는 게 먼저입니다. 감정에 머무르면서 자신이 어떤 감정을 느끼고 있는지 천천히 살핍니다. 힘든 감정이 나에게 하는 말을 들어주어야 차분해질 수 있습니다. 감정을 적절한 어휘로 표현해보면서 자신의 상태를 알아차리면 진정이 됩니다. 우리는 모든 일에 감정을 느끼므로 감정을 어떻게 다루는지가 삶의 질에 현저한 영향을 미칩니다.

감정을 돌보는 연습을 통해 자신이 어떤 부분에서 예민한지, 무엇에 격하게 화가 나는지, 무엇을 참을 수 없는지, 어떤 사람을 용납할 수 없는지, 신체적으로 어떤 상태일 때 짜증을 내는지, 도저히 이해할 수 없는 것은 무엇인지 알게 됩니다. 자신에 대해 알면 비슷한 상황이 발생했을 때 내면에서 끓어오르는 감정을 알아차릴 수 있습니다. 감정의 온도가 올라갈 때 자각하고 한 호흡 멈추면서 느낌 자체에 머무르면 감정이 소화돼서 흘러나갑니다. 그래서 부정 감정은 극복의 대상이 아니라 **소화의 대상**이며, 회피의 대상이 아니라 사려 깊게 들어줘야 할 내면의 소리입니다.

모든 감정은 정당하다

하임 기너트는 다양한 감정이 인간 경험의 정상적인 일부분임을 아이들이 알면 큰 안도감을 느끼므로, 우리 안에 두 갈래 세 갈래 감정이 생기는 것을 인정하도록 어른들이 도와주라고 합니다. 미움과 사랑, 동경과 질투, 성공과 근심 등 상반된 감정을 느낄 때 혼란스럽지만, 모든 감정은 정당합니다.[12] 인간으로서 우리는 어떤 감정도 느낄 수 있고 그 가운데 잘못된 감정은 없습니다. 행동에는 옳고 그름의 경계가 있지만 감정은 그렇지 않으므로, 모든 감정은 그 자체로 수용해야 한다는 말입니다.

긍정 감정도 부정 감정도 모두 정당하다고 받아들이는 것은 어른들에게도 큰 도전입니다. 어른들도 자기 감정을 살펴본 경험이 부족합니다. 자신의 내면보다 외부의 일, 타인을 챙기는 데 우선순위를 두고 살아왔기 때문입니다. 모순적인 감정이나 예상치 못한 감정을 느낄 때 아이들과 마찬가지로 어른들도 어떻게 대처할지 몰라 당황합니다. 그래서 사칙연산처럼 분명하지 않은 감정을 이해하고 감정을 온전히 느끼는 데는 시간이 필요합니다.

우리는 사회의 영향 속에 성장해서 감정을 해석하고 평가하는 데 익숙합니다. 감정을 좋은 것과 나쁜 것으로 나누는 감정의 위계화 습관은 감정을 있는 그대로 수용하지 못하도록 방해합니다. 감정의 위계화는 부정 감정이 부정적인 행동으로 이어지지 않도록 하기 위한 일종의 예방 대책입니다. 분노가 반사회적 행동을 일으켜 사람들에게 해를 끼치지 않도록, 과도한 슬픔이 자기 몸과 마음을 허약하게 만들지 않도록 하기 위해서입니다.

그러나 부정 감정이 생길 때 자기 마음을 이해해야 조절하는 힘도 생깁니다. 감정이 올라오는데 판단과 평가를 먼저 하면 감정을 회피하거나 무시하게 됩니다. 눈물 많은 아이에게 '그런 일 가지고 왜 울어? 그게 울 일이야?'라고 나무라면 아이는 슬픔을 이해하는 법을 배우지 못한 채 슬픔을 무시하거나 다른 감정으로 위장하게 됩니다. 감정을 수용하는 것도 시행착오를 거치며 배우는 성장 과정입니다. 감정을 느낌 그 자체로 받아들이는 데는 오랜 시간이 걸리고 지속적인 노력이 필요합니다. 그래서 모든 감정이 정당함을 받아들이고 모든 감정을 존중하는 데는 커다란 지혜가 필요합니다.

자기 공감이 먼저다

아이의 눈물을 공감하기 어려울 때가 있습니다. 어른이 살아온 역사에서 아이가 경험한 일은 아주 사소하지만, 아이는 삶의 역사가 짧기 때문에 어른이 이해하기 힘든 큰 슬픔이 몰려올 수 있습니다. 친구와 싸워서 화난 아이에게 그러면 안 된다고 훈계를 늘어놓곤 했습니다. 사회생활에서 행동 범위의 설정은 필요하지만, 아이 기분을 존중하지 않는 것이 반복되면 자신에 대한 부정적 인식이 생깁니다. 화나고 분하고 억울한 심정을 받아주는 게 먼저입니다. 잘잘못을 따지거나 판단하기보다는, 아이의 감정을 제대로 공감해주어야 기분이 풀립니다. 자기 감정이 어떤 것인지 알고 수용될 때, 아이들은 '나만 그런 게 아니구나', '내가 이상한 게 아니구나'라는 안도감을 느낍니다. 감정이 있는 그대로 받아들여지는 경험이 쌓여 긍정적인 자아상이 생깁니다. 감정이 해결되면 어떻게 하는 게 좋을지 아이 스스로 생각할 수 있습니다.

어른도 마찬가지입니다. 감정을 판단하거나 평가하지 않고 있는 그대로 받아들여야 회복될 수 있습니다. 아이에게 공감해주듯이, 타인을 공감해주듯이 자신을 먼저 공감해주어야 합니다. 우리는 어떤 일이 생겼을 때 감정을 제대로 느끼기도 전에 뭐가 문제인지, 어떻게 해결할지 분석하려고 서두릅니다. 감정적 자극이 크고 복잡한 일일수록 생각이 산지사방으로 튑니다. 조바심이 나고 호흡이 가빠지지만, 감정에 주의를 기울여 마음을 섬세하게 느낄 공간이 필요합니다. 느낌에 집중하면 생각과 감정을 혼동하지 않고 생각이 눈덩이처럼 불어나는 것을 막을 수 있습니다.

창업 과정에서 지원사업에 신청했다가 낙방하기를 여러 번 했습니다. 이때의 감정은 실망한(좋은 결과를 기대했는데 떨어져서), 안타까운(잘하고 싶은데 성장하는 속도가 원하는 것보다 너무 느려서), 걱정되는(내가 바라는 미래가 오지 않을까 봐) 느낌입니다. 이와 동시에 '난 무능한가 봐', '내 인생은 왜 이렇게 안 풀리는 거야?', '이러다가 아무것도 못 하고 늙어버리는 거 아니야?'와 같은 생각이 끊임없이 솟아났습니다.

이런 생각들은 자신이 무능하다고 **판단**하고, 성공과 실패를 거듭하며 성장해온 삶의 역사를 보지 않은 채 안 풀리는 인생이라고 **비판**하고, 끝날 때까지 끝난 것이 아닌 삶에서 현재의 결과만 놓고 오지 않은 미래를 부정적으로 **해석**한 것입니다. 판단, 비판, 해석으로 생각의 나래를 펼칠수록 느낌도, 생각도 악화됩니다. '실망한'은 '좌절한'이 되고 '안타까운'은 '낙담한'이 되고 '걱정되는'은 '절망스러운'이 되는 식입니다. 생각이 생각을 낳으면서 점점 불행한 사람, 비극의 주인공이 됩니다.

생각이 무한 증식할 때는 복잡한 상황이나 관계로부터 벗어나 한 템포 쉬면서 자신을 느끼는 데 집중합니다. 뇌를 진공 상태에 넣었다 빼듯 정적의 시간을 가지며 고요하게 나를 만나고 마음의 소리를 듣습니다. 무엇을 원해서 이토록 슬픈지 느끼고, 울고 있는 자신을 위로해주면 서서히 진정됩니다. 힘들 때 도망치지 말고 힘든 자신을 충분히 느끼면 그 감정이 내 몸에서 흘러나갈 길이 열립니다. 부정적 생각을 확산시키지 말고 자신에게 공감해주는 시간을 가지면 후련해집니다. 감정이 차분해지면 자연스럽게 앞으로 어떻게 하고 싶은지, 자신이 바라는 해결 방법을 찾을 수 있습니다.

자기돌봄의 두 번째 단계는 감정을 표현하는 적절한 단어를 찾아 자신의 상태를 구체적으로 이해하는 것입니다. 우리는 부정 감정이 올라올 때 없애려고 하는 데 에너지를 많이 씁니다. 부정 감정은 긍정 감정보다 강렬해서 부정적인 생각이 더 잘 들러붙습니다. 그러나 감정에는 좋은 것, 나쁜 것이 없습니다. 모든 감정은 정당하고 나를 구성하는 일부분입니다. 감정은 내가 괜찮은지, 그렇지 않은지 상태를 나타내는 신호입니다.

감정에 빨간불이 들어왔을 때는 잠시 멈추어 느낌이 어떤지 알아차리고, 내 안의 소리에 귀 기울이면서 자신을 돌봐줍니다. 내가 지금 미안하고 서운하고 실망해서 마음이 아프다면, 그런 감정을 느끼는 나에게 그럴 수 있다고, 그래도 괜찮다고 말해줍니다. 그러면 안 된다고 혼내거나 그러면 나쁜 사람이라고 몰아세우지 않고, 마음이 아픈 자신을 품어주는 것이 자기돌봄입니다. 나를 공감해주면 다음으로 나아갈 수 있는 힘이 생깁니다.

3 ___ 욕구, 내가 진짜 원하는 것을 아는 힘

자신을 모른다는 것은 위험하다. 본인과 다른 사람 모두에게 그러하다. (…) 스스로의 행동을 자각하지 못하고 스스로의 감정을 볼 수 없게 된다. 그의 내적 풍경은 (…) 스스로에게 등을 돌리는 풍경, 자신을 알지 못하는 풍경, 본인도 길을 잃어버리는 풍경이다.

_리베카 솔닛, 『멀고도 가까운』

나는 나를 어떻게 대하는가

자기돌봄의 세 번째 단계는 나의 **욕구**(needs)가 무엇인지 아는 것입니다. 자기돌봄 1단계에서 일어난 일을 객관적으로 관찰하고, 2단계에서 그때 내가 느낀 감정을 적절한 단어로 표현해서 자기 감정을 구체적으로 이해합니다. 3단계에서는 감정의 이면에 있는 욕구를 파악합니다.

욕구는 우리가 **움직이고 행동하게 하는** 에너지로, 우리의 몸과 마음은 결핍된 욕구를 채우려는 방향으로 작용합니다.[13] 원하는 욕구가 충족되면 긍정적 감정이, 충족되지 않으면 부정적 감정이 높아집니다. 강한 감정에 휩싸이면 내가 진짜 원하는 게 무엇인지 보다 상황이나 타인을 분석하는 데 몰두합니다. 외적 요인이 중요할 때도 있지만, 남이 나를 어떻게 대하는가에 골몰할 때 내 삶은 그에 의해 좌지우지될 수 있습니다.

  자신의 욕구를 인식하는 것은 **내가 나를 어떻게 대할 것인가**의 문제입니다. 나의 감정이 비롯된 근원으로서 욕구를 알면, 내 감정이 납득됩니다. 나의 진심을 깨달으니 나를 소홀히 대하지 않습니다. 욕구를 충족하는 방향으로 행동을 선택하려 하고, 남의 손이 아니라 내 손으로 내 삶을 빚으려고 합니다. 그래서 욕구를 아는 것은 내 삶의 결정권을 지키고 나를 세우는 시작입니다.

[감정과 욕구]

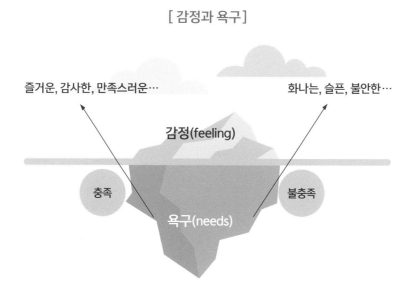

2부 | 자기돌봄 77

아이가 초등학교에 입학할 무렵 저는 퇴사 상태였습니다. 초등돌봄교실은 맞벌이 가정에 우선권이 있어서 재직 증명서류를 제출해야 했습니다. 새로운 일을 준비하고 있었으나 경제적 수입은 없었으므로 일한다고 입증할 방법이 없었습니다. 내 일을 할 시간이 꼭 필요했기에 시간을 확보하지 못할까 봐 당황했습니다. 무엇보다 '내가 원하는 일을 하는 것—재미와 의미, 가치 있는 일을 추구하는 것—은 일이 아니란 말인가'란 생각이 들면서 좌절감도 들었습니다. 아이돌봄이 절실한 분들에게 초등돌봄교실의 우선권을 주는 것은 정당하지만, 육아로 일을 그만두었다가 다시 시작하려는 여성들도 자기 시간이 절실한데 이를 위한 사회적 지원은 없었습니다.

'일한다'고 하면 직업이 제일 먼저 생각납니다. 노동을 통한 경제 활동, 돈벌이로서의 일(job)입니다. 일은 창조적 활동(work)이기도 합니다. 스스로 뭔가를 만들어 결과물을 생산합니다. 창조적 활동으로서 일을 할 때 돈을 벌 수도 있고 벌지 못할 수도 있습니다. 그러나 주체가 창조 활동에 의미를 둔다면, 돈벌이의 여부와 상관없이 그것은 일입니다. 일은 사회적 관계이기도 합니다. 관계를 맺는 사람이 고용주이건, 동료이건, 소비자이건 간에 우리는 누군가와 함께 일을 합니다.[14] 일한다는 것은 특정 활동을 지속하여 무언가를 생산하고 누군가와 연결됨을 의미합니다. 돈벌이가 되지 않더라도, 그 사람이 일을 통해 자기 정체성을 확인하고 사회적 욕구를 충족한다면 이 또한 일입니다.

돌봄교실을 신청하려면 재직증명서(근로계약서) 또는 사업자등록

증명원(소득금액증명원) 등이 필요했습니다. 공인된 조직에 소속되어 있거나 사업자가 아니라면 일로 인정받을 수 없는 상황이었습니다. 경제적 수입 창출 여부를 일의 기준으로 보는 것입니다. 일을 통해 내 정체성을 찾고 세상 안에서 창조적 활동을 하고 있음에도 불구하고, 나의 일은 일이 아니었습니다.

돌봄교실의 경험은 우리 사회에서 일에 대한 고정관념과 여성의 사회적 자리를 체감하는 계기였습니다. 여성들이 하고 있는 가사노동과 돌봄노동, 그녀들이 함께 만들고 있는 수많은 창조적 활동이 일이 아니라면 무엇이라고 말할 수 있는지 의문스러웠습니다.

자괴감이 들었지만, '내가 원하는 것은 무엇인가'라는 욕구를 찾는 데 집중했습니다. 가치 있는 일을 하고 있다는 자부심에도 불구하고, 돈을 벌어야 사회적으로 인정받는 현실에서 경제적 보상을 원하는 욕구가 내 안에 있음을 확인했습니다. 욕구를 파악하자 내가 지향하는 일의 가치와 사회적 기준이 달라서 혼란을 느꼈음을 깨달았습니다. 나의 지향과 현실 사이의 간극을 인식하니 어떻게 해야 할지 뚜렷해졌습니다.

10년의 회사생활에 마침표를 찍었던 이유는 자율성과 도전, 일을 통한 배움과 성장을 위해서였고, 이 욕구는 충족되고 있었습니다. 이후에도 경제적 욕구로 인한 좌절과 불안은 주기적으로 찾아왔지만, 보람, 기여, 자기표현, 진정성의 욕구가 충족되고 있음에 주목하며 감정을 조절할 수 있었습니다. 자기돌봄의 시간을 통해 나에게 어떤 욕구가 더 중요한지 확인하면서 이 길을 계속 가고 있습니다.

감정의 파도에 휩싸여서 욕구를 모르는 상태는 자동차 전면 유리에 습기가 차서 뿌옇게 보일 때와 비슷합니다. 시야가 흐릿해서 앞에 뭐가 있는지 잘 보이지 않고 사고 위험도 높습니다. 차량의 내부와 외부의 온도를 맞춰야 앞 유리가 선명해집니다. 감정적으로 흔들릴 때 자신의 욕구가 무엇인지 이해하면, 감정의 온도가 내려가서 현재 상황에 대한 시야를 확보할 수 있습니다.

전면 유리를 투명하게 하고 운전하는 것과 마찬가지로 상황과 감정, 욕구를 파악함으로써 어디로, 어떻게 갈지 재설정할 수 있습니다. 힘든 감정일수록 그 안에는 간절한 소망이 담겨 있습니다. 자기돌봄의 세 번째 단계는 그 바람을 들어주는 것입니다. 내가 먼저 내 마음을 들여다보는 자기존중의 과정입니다.

내 안에 공존하는 마음의 측면들

내가 원하고 바랐던 것들이 나 혼자만 느끼는 게 아니라 인간이라면 누구나 경험하는 보편적 욕구라는 걸 알게 되면 한결 마음이 편안해집니다. 심리학자 매슬로(Abraham Harold Maslow)는 임상 실험에서의 관찰을 통해 대다수의 사람이 소유하고 있는 주요한 욕구를 단계화(Hierarchy of Needs)하였습니다. 생리적 욕구, 안전 욕구, 애정과 소속 욕구, 자기존중 욕구, 자아실현 욕구는 인간의 보편적 동기(motivation)로 작용합니다. 특히 생리적, 안전, 애정과 소속, 자기존중 욕구는 반드시 충족되어야 하며, 결핍되면 문제를 일으킵니다.[15] 감정을 구체적인 단어로 표현하면 나를 더 잘 이해할 수 있는 것과 마찬가지로, 자신이 경험한 일에서 어떤 욕구가 충족/불충족되었는지 확인하면 감정을 느끼는 이유를 알 수 있습니다.

[욕구 5단계와 욕구 단어]

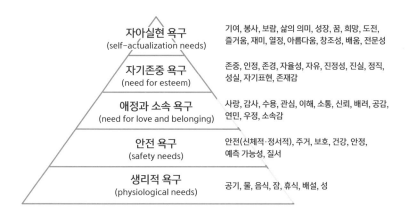

1단계 생리적 욕구(physiological needs)는 음식, 물, 수면, 배설, 성, 호흡 등 인간의 생존을 위해 필수적인 욕구로, 신체 기능이 정상적으로 작동되도록 합니다. 출산 직후 부모들은 갓 태어난 아기를 돌보기 위해 잠도 충분히 못 자고 화장실도 마음대로 못 가기도 합니다. 이때 경험하는 고통은 생리적 욕구를 제대로 충족하지 못해서 발생합니다.

2단계 안전 욕구(safety needs)는 위험으로부터 벗어나 안전하게 지내고 싶어 하는 욕구로, 집, 건강, 보안, 안정감 등 물리적 안전과 심리적 안정을 추구합니다. 안전한 주거 환경, 예측 가능한 일상생활을 영위하고자 하는 욕구가 해당됩니다. 코로나 펜데믹 상황에서 경험한 우울감은 안전 욕구가 충족되지 않아서 발생한 위기입니다.

3단계 애정과 소속 욕구(need for love and belonging)는 사랑, 공감, 인정, 친밀감, 우정, 감사 등을 가족과 공동체에서 얻고자 하는 욕구입니다. 태어나서부터 죽을 때까지 관계 속에서 살아가는 우리에게 사랑하고 사랑받는 것은 삶에 필수적이며, 정서적 안정감의 근간입니다. 대인 관계나 가족 관계의 대부분의 고민은 애정과 소속 욕구에서 생겨나고, 이 욕구가 결핍되었을 때 외로움을 느낍니다.

4단계 자기존중 욕구(need for esteem)는 성취, 인정 등 타인으로부터 수용되고 인정받고 싶어 하는 욕구와 자기존중 욕구를 포함합니다. 주목과 인정, 명예에 대한 욕구가 외적으로 형성된 존중감이라면, 독립성, 자율성, 성장, 능력에 대한 욕구는 내적으로 형성되는 존중감입니다. 육아를 위해 일을 그만둔 부모들이 경험하는 고립감은 가정에서 애정과 소속 욕구가 충족되더라도 사회적 영역에서 성취와 인정 욕구가 결핍되어 나타납니다. 이전의 사회적 관계가 단절되면서 소속감과 상호작용이 사라지고, 자신의 역량과 성장을 경험할 기회가 사라짐으로써 자아존중감이 낮아집니다.

5단계 자아실현 욕구(self-actualization needs)는 자신의 잠재력을 최대한 발휘하고 성장하고 싶은 욕구입니다. 사람들은 저마다의 삶의 목적을 갖고 있어서 자아실현의 구체적인 방법은 사람마다 다릅니다. 하지만 삶의 의미와 보람을 느끼고 꿈과 희망을 갖고 타인에게 기여하는, 가치 있는 존재가 되고 싶은 욕구는 보편적입니다.

우리가 하는 모든 행동은 욕구를 충족하기 위해서입니다. 우리의 갈망은 내면에 간절한 바람이 있어서입니다. 매슬로의 욕구 이론은 감정 이면에 어떤 욕구가 있는지 보는 데 도움이 됩니다. 돌봄교실 신청 당시에 충족되지 않은 욕구는 사회적 존중과 인정 욕구입니다. 삶의 의미, 창조성의 욕구는 충족되고 있었습니다. 돌봄교실이 안 되면 어쩌나 하는 걱정은 내 일을 할 시간이 부족할지 모른다고 예상한 것으로, 자아실현 욕구를 충족하지 못할 거라는 불안이었습니다.

일어난 일에 대한 감정을 구체적인 단어로 표현하고, 그 감정을 느끼게 된 욕구를 언어화해보면 나를 더 깊게 이해할 수 있습니다(p. 81 욕구 단어 참고). 내 마음속으로 한 걸음 더 들어가는 과정에서 여러 가지 욕구를 발견합니다. 이 욕구들은 내 안에 있던 간곡한 기원들이고, 서로 대립하지 않고 공존하는 마음의 측면들입니다. '아, 나한텐 이게 중요하구나' 알아차릴 때 마음의 온도가 바뀝니다. 측은하기도 하고 안쓰럽기도 하고 기특하기도 한 감정을 스스로에게 느낍니다. 이때가 자기 공감이 일어나는 순간입니다. 욕구의 실체를 만날 때 자신에게 투명해집니다. 내가 진짜 원하는 것을 알면 혼미했던 마음이 선명해집니다. 전체 상황과 내 감정과 욕구를 보면, 나를 섬세하게 이해하고 스스로 책임질 수 있습니다.

내 마음이 너에게 가닿으려면

자신의 욕구를 알아차리는 것은 타인을 공감하는 데도 영향을 미칩니다. 관계에서 상대방이 나를 무시한다고 느껴질 때, 내가 나를 무시(無視)하지 않는 것이 더 중요합니다. 내 안의 간절한 바람을 경청하고 존중하면 타인의 마음도 보이기 시작합니다.

코로나 확산으로 온라인 클래스가 시작되었을 때 하루에 두세 시간 이상 유튜브를 보는 초등학생이 있습니다. 안 그러겠다고 말한 아이가 오늘도 유튜브 시청으로 세 시간을 채웠습니다. 유튜브를 보고 있는 아이에게 우다다 화를 낸 적이 수차례입니다. 이때 엄마의 느낌은 '화나는, 걱정되는, 지친'입니다.

엄마는 무엇을 원했을까요? 아이가 유튜브만 보지 않고, 책을 읽거나 밖에서 뛰어놀며 신체 활동을 하거나 친구들과 놀길 바랐습니다. 엄마는 사회성, 인터넷 중독, 성장기 두뇌 발달, 학습 결여를 염려합니다. "유튜브 그만 보라고" 같은 말을 수백 번 하느라 지쳐서, 아이가 엄마의 마음을 이해해주길 원하는 욕구도 있습니다.

아이가 유익하게 시간을 보내길 바라는 내 마음을 알아차리면 격앙된 감정이 어느 정도 가라앉습니다. 내 욕구(아이에 대한 깊은 사랑)를 이해하면 아이만 탓할 일은 아니라는 것을 깨닫습니다. 약속한 시간보다 동영상을 많이 보는 아이가 엄마 감정의 외적 자극이 될 수는 있지만 감정을 유발한 원인은 아닙니다. 아이가 유튜브를 많이 봐서가 아니라 아이가 잘 자라길 바라는 내 욕구로 인해 화가 났습니다.

감정과 욕구 속에 숨어 있는 절실한 소망을 이해하면(자기 공감) 아이를 꾸짖거나 윽박지르던 말을 멈출 수 있습니다. '아이 마음은 어떨까?' 생각하면서 내 마음에서 아이의 마음으로 가닿을 수 있습니다. 아이도 긴 시간 유튜브를 보는 것이 좋지 않음을 알고 있습니다. 자기도 스스로 조절하지 못해서 답답합니다. '건강한 성장'이라는 욕구는 자기 자신의 일이니 아이가 엄마보다 더 간절할지 모릅니다. 내 욕구에 공감하면 타인의 욕구도 발견할 수 있습니다. 이것이 '발견'인 이유는 그의 욕구가 없었던 것이 아니라 원래 있었는데 내 욕구를 알아차림으로써 내 시각이 달라져서 그의 욕구가 보이기 시작해서입니다. 나만 보던 시각에서 타인으로 시야가 확장되었습니다.

우리가 갈등하는 이유는 욕구가 달라서가 아니라 욕구에 도달하는 수단과 방법이 달라서입니다.[16] '건강한 성장'이라는 욕구는 엄마와 아이가 같지만 이것을 충족하는 방법이 다릅니다. 우리가 관계 속에서 부딪히는 거의 모든 문제는 수단을 다르게 생각해서입니다. 욕구를 충족하기 위해 '무엇'을 할 것인가, '어떻게' 할 것인가, '언제' 할 것인가와 같은 구체적인 방법을 두고 갈등합니다.

'아이의 건강한 성장'은 지속적으로 추구할 장기 프로젝트입니다. 아이가 어릴 때는 어른이 이끌어갈 수 있지만, 아이의 자아가 형성되고 사회적 정체성을 확립하는 시기가 되면 아이는 부모와 다르게 생각할 수 있습니다. 목표가 동일하더라도 목표에 도달하는 수단이 다르다면, 자기 인생의 주체인 아이와 조율이 필요합니다. 우리는 그의 인생에서 안내자이자 지원자이지 주인이 아니기 때문입니다.

자녀의 인터넷 사용 시간 이슈를 부모 세대는 경험해보지 못했습니다. 인터넷 사용과 뇌 발달의 관계는 학술적으로도 아직 결론이 나지 않은 분야입니다. 아이들은 우리가 경험하지 않은 세계를 살아갈 것입니다. 삶의 동행자로서 우리의 유일한 선택지는 내 맘대로 판단하지 않고 계속해서 대화하며 방법을 찾고 시도해보는 것입니다.

우리가 가족으로 살아가는 이유는 모든 사안에 완벽하게 합의해서가 아니라, '서로 사랑하고 존중하며 행복하게 살자'라는 공통 목적(욕구)을 위해 '함께 노력하자'라는 공동 의지가 있어서입니다. 욕구는 보편적이고 죽을 때까지 내 안에 존재할 것이므로, 지금 욕구가 충족되더라도 또 다른 충족되지 않은 욕구가 생길 것입니다. 매 순간 욕구를 알아차리며 나를 이해함으로써, 감정의 노예가 되지 않고 내 감정과 행동을 선택하며 살아갈 수 있습니다.

우리가 살면서 매 순간 마주하는 수많은 감정은 극복의 문제가 아니라 실존의 증거입니다. 일희일비(一喜一悲)는 욕구가 충족되었는가, 그렇지 않은가에 따라 생기는 감정이므로, 살아 있는 자에게 자연스럽습니다. 기쁨도 슬픔도 내 존재의 일부입니다. 감정을 바꾸는 데 에너지를 쓸 게 아니라 감정을 수용하는 것이 먼저입니다. 감정은 내면에서 보내는 신호이기 때문입니다.

커밍비 워크숍에서는 자기돌봄을 실천하기 위해 매일 '관찰-느낌-욕구'를 기록하며 자신을 공감해주는 연습을 합니다. 참가자 한 분이 "욕구는 왜 적어야 할까요? 적는다고 욕구가 해소되는 건 아닌 것 같은데"라고 질문했습니다. 욕구를 적으면 내 감정이 너 때문이 아니라 내 욕구에 기인함을 깨닫게 되므로, 누구를 탓하거나 비난하는 데 에너지를 쓰지 않아도 됩니다. 감정의 파고를 일으킨 욕구가 완전히 해결되지 않더라도 다른 누가 아닌, 내가 나를 이해하기 때문에 감정의 요동이 가라앉습니다.

자기이해력이 높아지면 자기중심성에서 벗어날 수 있습니다. 나를 이해하자 타인의 욕구로 시야가 확장되어 서로 연결될 가능성이 높아집니다. 삶의 여정에는 바로 해결되지 않는 문제들이 더 많습니다. 붕어빵 뒤집듯이 바로 결론이 나기보다는 시간을 두고 오래오래 해봐야 알 수 있습니다. 자아 관계나 가족 관계는 더욱 그러합니다. 나를 알고 너를 알기에 서로의 욕구를 평화적으로 충족할 방법을 찾는 데 집중할 수 있습니다.

자신을 모르는 사람의 내적 풍경은 자신도 길을 잃어버리는 형국이라고 리베카 솔닛은 말합니다. 자기 행동도 자기 감정도 보지 못하니 내면은 칸막이나 동굴과 유사합니다. 그 안에 지뢰나 함정이 가득할 수도 있으나, 보지 못하므로 자신에게도 타인에게도 위험합니다. 나의 내면 풍경을 어떻게 그려갈지는 내가 나를, 그리고 타인을 얼마나 알고 있는가(이해하려고 노력하는가)에 달려 있습니다. 길을 잃지 않으려면, 자신에게서 등 돌리지 말고, 자신을 돌보고, 타인과 연결되어야 합니다.

4 ___ 내 몸을 아는 것의 힘

나와 세계 사이에는 언제나 몸의 감각이 있다. (⋯) 누군가 우리의 국가나 신을 모욕해서 우리가 격분할 때, 욕을 참을 수 없게 만드는 것은 명치에서 일어나는 타는 듯한 느낌과 가슴을 움켜쥐는 일단의 고통이다. 우리의 국가는 아무것도 느끼지 않는다. 우리 몸이 고통을 느끼는 것이다.

_유발 하라리, 『21세기를 위한 21가지 제언』

자기돌봄은 나에게 일어난 일을 관찰하고, 그 일에 대한 나의 느낌(감정)을 알고, 감정을 일으킨 욕구를 살펴보는 과정으로 이루어집니다. 마음은 눈에 보이지도 않고 손으로 만져지지도 않기에, 마음에서 일어난 일을 투명하게 인식하기 위해 감정과 욕구를 언어화해봅니다.

삶의 모든 과정은 몸을 통해서 이루어집니다. 내 경험은 의식 속에만 존재하는 것이 아니라 물리적인 시간과 공간 속에서 내 몸이 움직이고 느끼고 말하고 행동한 결과입니다. 우리가 지각하지 못할 뿐, 몸은 외부세계에 반응하는 생생한 현장입니다.

태어나서 죽을 때까지 우리는 몸으로 살아가고 몸을 떠나서는 살 수 없습니다. 우리는 이성과 합리성이 몸에 우선한다고, 몸을 우리의 정신과 의식을 담는 그릇이라고, 정신이 육체를 통제할 수 있다고 생각해왔지만, 몸은 정신과 의식에 선행하여 작용합니다. 몸은 이성적으로 생각하기도 전에 상황에 대응합니다. 몸의 감각-몸이 어떻게 느끼는지, 몸이 어떤 신호를 보내고 있는지-을 알아차리면 감정도 바뀌고 현실에 대한 인식도 변합니다.

뇌과학은 외부 정보가 우리 몸에 들어왔을 때 어떻게 감각이 만들어지는지 설명해줍니다. 마음이 심란할 때 집중이 안 되고 생각이 흐트러지는 것이 뇌의 메커니즘임을 알게 되면, 나의 주관적 감정을 객관적인 과학으로 이해하게 됩니다. 나의 의지박약을 나무라며 자책하지 않고 감정 변화에 대처할 수 있습니다. 외국어를 배워서 그 나라 사람과 대화하는 것처럼, 내 몸과 마음의 작용을 뇌의 언어로 이해함으로써 나를 더 잘 이해하고 친절하게 대해줄 수 있습니다.

몸이 내게 하는 말

꿈꿔왔던 것을 위해 오랫동안 준비한 일이 좌절된 적이 있습니다. 심장이 조이고 피가 순환하지 않는 느낌이었습니다. 몸과 마음이 정지되고 생각도 멈춰버렸습니다. 저녁밥을 먹으며 TV를 보고 있었는데, 뉴스에서 일본 노인들의 사망 사고 소식이 보도되었습니다. 평소였으면 안타까워했을 텐데, 그날은 정말 남의 일인 양 아무 것도 느끼지 못했습니다. 일어난 일의 충격이 커서 타인의 아픔에 전혀 공감하지 못했습니다.

그로부터 한동안 그 일을 생각하면 심장이 두근거리고 가슴에 불덩이가 들어 있는 듯하고 팔과 손이 떨리고 얼굴 근육이 저절로 긴장했습니다. 머릿속엔 그 일과 연관된 생각들이 무한 증식했고 분노가 끓어올랐습니다. 분노의 감옥에 갇힌 것처럼 생각은 그 일에서 한 발짝도 나가지 못하고 맴돌았습니다.

며칠 후 가까운 곳을 운전해서 다녀오던 길에 가벼운 접촉 사고가 났습니다. 제가 운전하던 차를 뒤차가 들이받는 사고였습니다. 경미한 사고였지만 다음 날 병원에서 물리치료를 받았습니다. 평소라면 그 일이 일어난 날 울었을 텐데 이번에는 병원에 다녀온 후에야 눈물을 쏟았습니다. 큰 충격을 받고 모든 것이 꽉 막힌 상태였는데 병원에서 치료받으며 내 몸을 돌보아준 후에야 감정이 분출되었습니다. 병원에 가기 전에는 분노와 좌절로 가득 차 상황을 인식하지 못했지만, 비로소 나에게 무슨 일이 일어났는지 깨닫고서 슬픔, 암담함, 무서움, 외로움, 억울함, 비참함 등 여러 감정이 올라오는 것을 느꼈습니다.

사건 직후에 몸이 느낀 감각(심장 박동 수 증가, 체온 상승, 근육의 경직과 긴장, 떨림 등)은 정신적 고통이 육체적으로 나타난 것입니다. 몸은 이성보다 정직해서 무슨 일이 일어났는지 인식하기도 전에 신체적으로 반응합니다. 유발 하라리는 외부세계에서 벌어진 일에 대해 몸이 고통을 느낀다고 말합니다. 외부세계의 영향이 몸을 통과하여 나에게 전해질 때, 우리는 몸의 감각적 실체에 주목하지 않고 격노한 대상(외부세계)에 집중합니다. 그는 몸의 감각을 관찰하여 정신적 반응의 패턴을 깨달으면 현실을 더 명정(明淨)하게 인식할 수 있다고 합니다.

상황이 어려울수록 생각이 흐트러지고 관련된 사람이나 외부세계에 계속 신경을 쓰게 됩니다. 이럴 때 몸이 어떤지 몸에 관심을 둡니다. 심장이 얼마나 고동치는지, 내 손과 팔, 목과 어깨, 다리의 감각은 어떤지, 코와 입의 숨이 어떻게 들어가고 나가는지, 열을 받는지 혹은 차가운지, 침이 꼴깍꼴깍 넘어가는지, 침이 마르는지, 양미간을 찡그렸는지, 안압이 높아지는지, 입을 내밀고 있는지, 입술 주위 근육에 힘을 주고 있는지, 목과 어깨가 뻣뻣하게 긴장했는지 등 몸의 반응을 느끼려고 합니다. 머리부터 발끝까지 온몸의 감각을 천천히 살피면 조금씩 투명해집니다. 외부로 향해 있던 주의를 안으로 돌려 나에게 집중하는 시간은 긴장을 이완시킵니다. 가슴이 타들어가는 느낌이고 관자놀이가 지끈거리고 뒤통수로 열이 뻗쳐오를 때는 고통으로 현실이 더욱 불투명해집니다. 몸에 집중하면 소란스러워진 마음이 가라앉고 고통으로 가려졌던 현실을 볼 수 있습니다.

분노와 좌절로부터 회복되는 데는 오랜 시간이 걸렸습니다. 감정이 올라올 때마다 몸의 감각에 집중하여 지금 내가 어떤 상태인지, 어떤 욕구 때문에 이런 감정을 느끼는지 알려고 했습니다. 어떤 감정이냐에 따라 몸의 감각도 미세하게 달라집니다. 분노는 뜨거운 감정이어서 분노의 대상에 집중하면 고통이 가중되지만, 분노를 느낀 나에게 집중하면 조금 진정됩니다. 어떤 감정도 억누르지 않고 복합적인 감정을 있는 그대로 느끼고 스스로에게 공감해주려고 했습니다. 때로 모순적으로 느껴지는 여러 감정 또한 나를 구성하는 마음의 측면들임을 받아들이면 감정들이 흘러나갈 출구가 생깁니다. 열이 치받아 오를 때는 뜨거운 열기에 갇히고 얼음처럼 차가워질 때는 냉기에 얼어버리지만, 몸과 마음을 온전히 느끼려고 할 때 감정이 흘러서 적정한 마음의 온도를 찾게 됩니다.

부유하는 마음을 그대로 인정하면서 내가 진짜 무엇을 원하는지 찾아보았습니다. 내 안의 충족되지 못한 욕구를 인식하고 그런 내게 공감할 때 숨통이 트였습니다. 부침개야 한두 번 뒤집으면 그만이지만, 감정의 골이 깊은 일일수록 소화하는 데 시간이 걸립니다. 그 고통을 견딜 수 있는 힘이 생겨야 합니다. 몸이 내게 하는 말에 귀 기울이고 나를 돌보는 시간이 쌓이면 고통스러운 현실을 감당할 힘이 서서히 생깁니다.

우리가 인지하지 못하는 순간에도 몸은 끊임없이 움직입니다. 몸의 감각, 신체의 반응을 지각하여 몸이 보내는 신호에 맞춰 나를 돌봐줍니다. 가슴이 철렁 내려가 마음이 쓸려나갈 때, 나를 붙잡아주던 중력이 사라진 것처럼 무너질 때 그 감각을 느끼고 수용합니다. 마음이 불구덩이가 되어 화가 나를 잡아먹으려 할 때 심호흡하며 몸 구석구석을 느끼면 화가 나갈 구멍이 생깁니다.

우리는 매 순간 감각도 달라지고 생각도 달라지는 유동적인 존재입니다. 생각이 생각을 낳아 부정적 생각이 비극적 감정으로 심화되도록 내버려두지 않으려면, 생각이 아니라 몸을 느끼는 데 주력해야 합니다. 신체 감각을 느끼는 연습을 계속하면 감정이 격앙되거나 곤두박질칠 때 몸에서 일어나는 변화를 알아차려 멈출 수 있습니다.

일상의 사소한 사건에서도 몸의 감각을 아는 것은 유용합니다. 일상생활에서 짜증나는 상황은 반복적으로 나타납니다. 아이에게 화를 내는 순간이나 배우자와 갈등이 생기는 순간에 자기만 아는 몸의 감각이 있습니다. 목구멍 아래가 뜨거워지거나 숨이 턱 막히거나 치아를 꽉 깨물게 됩니다. 내 몸의 반응을 인지하고 있으면 그런 상황이 생길 때 신체 반응이 일종의 알람처럼 기능해서 잠깐의 여지를 만들 수 있습니다.

숙제도 하지 않고 주구장창 TV 앞에 앉아 있는 아이를 쳐다보다 임계치에 오르면 화가 폭발합니다. 폭발 직전에 숨소리가 커지거나 얼굴을 찡그리거나 목소리 톤이 높아지는 등 신체 신호가 있습니다. 신체 신호가 느껴질 때 이를 알람으로 받아들이면, 바로 화내지 않고 어떻게 대처할지 생각할 틈이 생깁니다. 화를 낸다고 해서 아이가 내 뜻대로 되지 않는다는 것은 이미 알고 있습니다. 언성을 높이거나 험악한 분위기를 조성해서는 원하는 효과를 얻기 어렵습니다. 설령 지금 마음대로 됐다고 해도 강압적인 방식은 아이의 반발심을 일으키며 시간이 지날수록 효과는 점점 낮아질 것입니다.

내 몸의 신호를 느껴 내 마음속 간절한 바람을 생각하여 행동하면 나중에 후회할 일이 줄어듭니다. 감정을 어떻게 다루느냐가 나와 타인의 관계, 나와 나 자신의 관계를 좌우합니다. 감정은 인간관계뿐 아니라 사고, 학습, 기억, 의사결정에도 지대한 영향을 미칩니다. 감정적으로 소진되면 일이 손에 안 잡히고 생각이 뇌리에서 떨어지지 않아 마음이 불편합니다. 감정이 판단력을 흐려 적절하게 행동하지 못할 때도 있습니다. 몸이 보내는 신호(감각)를 인지하여 몸이 편안해지도록 하면, 감정도, 외부세계에 대한 인식도 달라집니다. 감정은 실체가 없는 추상적 관념이 아니라 몸으로 감각되는 실체입니다. 감정은 뇌에서 일어나는 매우 구체적이고 물리적인 작용의 결과이므로 뇌의 메커니즘을 이해하면 감정에 대처할 수 있습니다.

우리의 마음은 어떻게 만들어지는가

뇌는 체중의 2~2.5%, 약 1.4kg에 불과하지만, 우리의 감정과 경험, 기억, 언어뿐 아니라 신체 활동, 생명 유지 기능에 이르기까지 인간의 모든 생각과 행동에서 관여하지 않는 것이 없습니다.

올리버 색스의 『아내를 모자로 착각한 남자』는 뇌 특정 영역의 기능 상실이나 과잉이 환자들의 삶을 어떻게 바꿔놓는지 기록한 아름다운 책입니다. 올리버 색스는 인간으로서 살아가는 데 뇌가 얼마나 놀라운 역할을 하는지 이야기합니다. 정체성, 자아 감각, 의지, 감수성, 기억, 언어, 통합적 판단 능력, 인지 기능, 시각, 신체의 조절과 움직임, 육체에 대한 감각과 관련한 여러 환자의 사례를 만나면서, 우리가 신경 기능과 신경계의 변화에 따라 결정되는 물질적인 존재임을 깨닫습니다.

인간은 자유 의지를 가진 존재가 분명하지만 뇌와 신경계의 물리적 메커니즘으로부터 자유롭지 않습니다. 외부 정보가 감각기관을 통해 입력되면 뇌가 그 정보를 분석, 처리하고 신경계를 통해 명령을 내려 특정 행동을 하는 방식으로 인간의 몸은 작동합니다.

감정 및 이성과 연관된 뇌 영역은 대뇌와 변연계입니다. 대뇌는 그 위치에 따라 전두엽(이마엽), 두정엽(마루엽), 측두엽(관자엽), 후두엽(뒤통수엽)으로 구성됩니다. 전두엽은 이마 바로 안쪽에 있는 대뇌 피질로, '뇌의 경영본부'와 같은 역할을 합니다. 주의와 기억, 계획과 의사결정 등 인지 기능과 이성적인 작용을 담당합니다. 두정엽은 신체에 전해지는 압력·온도·통증·쾌감·촉감 등 감각을 처리하며, 측두엽은 언어·의미·기억·청각·후각·시각 등을 담당하고, 후두엽은 두 눈이 받아들인 시각 정보를 처리합니다.

변연계는 대뇌 안쪽에 깊숙이 있는 영역입니다. 변연계는 기쁨·슬픔·분노·두려움·불안 등 감정을 처리하는 역할을 하며, 편도체, 해마, 시상, 시상하부 등으로 구성됩니다. 해마는 기억의 형성과 저장을, 편도체는 감정을 만들고 조절하며 위기 상황시 몸을 경계 상태로 만들어 적절하게 대응하도록 합니다. 대뇌와 변연계는 위치와 기능에 따라 이같이 구분되지만, 실제로 뇌가 한 가지 기능을 할 때 한 영역만이 아니라 뇌의 여러 영역과 연합하여 복합적으로 작용합니다.[17]

우리가 기억할 것은 이성을 관장하는 전두엽이 변연계의 감정 영역과 긴밀하게 연관해서 일한다는 사실입니다. 의사결정을 할 때는 상황을 빠르게 파악하여 신속한 판단을 해야 합니다. 편도체의 감정적 평가, 해마에 저장된 기억, 감정에 기반한 선호와 우선순위가 전

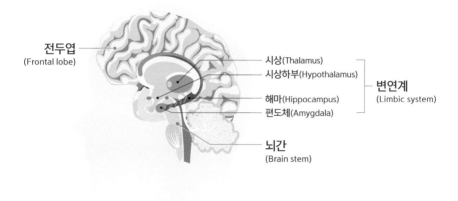

[전두엽과 변연계]

전두엽
(Frontal lobe)

시상(Thalamus)
시상하부(Hypothalamus)

변연계
(Limbic system)

해마(Hippocampus)
편도체(Amygdala)

뇌간
(Brain stem)

두엽의 판단에 중요한 역할을 합니다. 감정은 주의 집중과 인지 활동 같은 전두엽의 작용에 영향을 끼칩니다. 마음이 불편하면 집중력이 현저히 떨어지지만, 마음이 편해지면 상황이나 사건을 훨씬 선명하게 볼 수 있습니다. 불안하거나 걱정거리가 있을 때 책이 안 읽히거나 학습이 어려운 것도 감정의 지대한 영향력을 말해줍니다.[18]

두 번째로 기억할 것은, 감정이 격앙되면 혈류가 변연계로 몰려 전두엽이 거의 기능하지 못한다는 점입니다. 변연계는 대뇌 피질과 뇌간을 연결해 상호작용하는 역할을 합니다. 뇌는 분노, 놀람, 공포와 같은 감정 상태를 위기로 인식하는데, 이때 변연계의 작용으로 전두엽의 스위치가 내려가고 생존 본능을 담당하는 뇌간이 활성화됩니다. 뇌간은 호흡·맥박·혈압·체온 조절 등 생명 유지에 필요한 기능을 하므로, 뇌간이 활성화되면 심장이 고동치고 숨이 가빠지고 체온이 상승하며 근육이 긴장하는 등 신체 변화가 일어납니다.[19] 화났을 때 말이 제대로 안 나오거나, 목소리가 지나치게 커지거나, 물건을 집어던지거나, 책상이나 탁자를 주먹으로 세게 내려치는 것도 전두엽이 제 역할을 못 해서입니다.

강한 감정을 느낄 때 평소처럼 행동하거나 생각하지 못하는 것은 전두엽과 변연계와 같은 뇌의 작용에 기인합니다. 정신이 산란할 때는 몸도 마음도 흐트러지고 맙니다. 정신과 육체는 어느 한쪽이 우세한 관계가 아니라 서로 영향을 미치는 상호의존적 관계입니다. 그래서 몸의 감각이 어떻게 변하는지 알아차리면 자신의 감정을 인지할 수 있습니다. 육체의 감각에 주의를 기울이면 몸의 긴장도가 낮아져 감정도 진정됩니다.

마음의 패턴 알아차리기

강한 감정을 느낄 때 부정적인 생각이 꼬리에 꼬리를 물고 이어지는 것은 좌뇌의 특성과도 연관됩니다. 좌뇌는 외부세계에 대한 정보를 분석하고 조직하고 판단합니다. 패턴을 파악하여 범주를 나누고 경계 지으며, 과거 기억에 기반해 평가하는 데 능합니다. 외부 정보를 빠르게 처리하는 좌뇌의 기능은 인간의 생존과 번영에 중요한 역할을 해왔습니다.

좌뇌에는 언어 중추(언어 구사 능력을 담당하는 브로카 영역, 언어 이해 능력을 담당하는 베르니케 영역)가 자리 잡고 있습니다. 좌뇌의 분석, 평가, 계획 등의 기능은 끊임없이 말을 하는 방식으로 작동합니다. 좌뇌는 언어를 사용해서 생각하고 외부세계의 세부 사항을 엮어 하나의 이야기로 만들어냅니다. 수다쟁이처럼 쉬지 않고 말한다고 해서 '뇌의 재잘거림(brain chatter)'이라고 부릅니다.[20] 강한 감정을 느낄 때 판단, 비난, 평가의 말들이 반복 재생되는 것은 이야기꾼인 좌뇌의 재잘거림이라고 할 수 있습니다.

좌뇌의 뇌출혈로 뇌졸중에 걸렸던 뇌과학자 질 볼트 테일러는 좌뇌 기능이 상실됨에 따라 평소에 의식하지 못했던 우뇌의 기능을 발견할 수 있었습니다. 그는 좌뇌의 기능이 회복되면서 끊임없이 걱정하고 비판하는 좌뇌의 성격이 되살아나는 것이 싫었다고 말합니다. 고통스러웠던 기억을 자동으로 재생하는 감정 회로가 가동되면서 불안이 가중되고 가슴이 답답해지고 혈압이 치솟고 두통이 일어나는 생리적 현상이 동반되었습니다.

우뇌는 비언어적 소통에 탁월해서 상대방의 감정을 정확하게 알아내는 공감 능력이 있으며, 현재(지금 여기; right here, right now)와 감각에 집중합니다. 우뇌가 직관적이고 세상을 총체적으로 인식한다면, 좌뇌는 우뇌가 인식한 가능성을 받아들여 현실에 필요한 것으로 전환하는 역할을 합니다. 두 가지 기능의 적절한 균형이 중요할 텐데, 수다쟁이 좌뇌는 고요하고 존재론적인 우뇌에 비해 더 강력한 것처럼 느껴집니다. 우뇌는 조용하지만 좌뇌는 쉴 새 없이 이야기를 만들기 때문입니다.

분노, 놀람, 공포 등을 느낄 때 변연계의 감정 프로그램이 작동하며, 변연계의 감정 프로그램은 **우리 몸에 설계된 자동 반응**입니다. 변연계의 뇌하수체는 공격성 신경전달물질인 아드레날린을 분비하고 심장 박동 증가, 혈압 상승 등의 생리적 반응이 나타납니다. 질 볼트 테일러에 따르면, 최초의 자극이 생긴 지 90초 안에 분노를 구성하는 화학 성분이 혈류에서 빠져나가고 변연계의 감정 프로그램은 종료됩니다. 90초 이후에도 계속 화가 나는 것은 우리가 감정의 자동 반응이 유지되도록 내버려두기 때문입니다.[21] 게다가 이야기꾼 좌뇌의 부정적인 대화는 웬만해선 멈추지 않습니다. 원치 않는데도 부정적 생각의 회로가 가동되면서 에너지가 소진됩니다. 변연계의 반응 패턴은 우리 몸에 프로그래밍되어 있습니다.

배우자, 아이, 동료 등 인간관계에도 반복되는 패턴이 있습니다. 패턴은 관계를 부드럽게 해주는 윤활유 역할도 하지만, 부정적으로 고정되면 관계의 장애 요소가 됩니다. 친한 사람이 내가 싫어하는 말을 하면 그 말을 다 듣기도 전에 부정적인 생각이 떠오릅니다(사고 회로). 울화가 치미는 듯하고(감정 회로) 머리가 아파옵니다(생리적 반응). 이런 상황이 전에도 수차례 반복되었다면 나의 **사고 회로-감정 회로-생리적 반응**이 패턴화됩니다. 판단과 비난의 언어가 자동 재생되는 패턴을 의식하지 못하면 바로 부정적으로 반응합니다.

부정적인 사고의 고리는 마음의 습관이 쌓여서 나타난 패턴이기도 합니다. 나의 일부인 양 익숙해서 그 패턴에 삶을 내맡기기 쉽습니다. 자동 재생되는 생각들이 내면에서 올라오는 진짜 목소리인지,

습관화된 패턴인지 알아차린다면 어떻게 반응할지 선택할 수 있습니다. 신체 반응을 자각하고 내 감정을 인지한다면, 되풀이되는 상황에서 어떻게 대처할지(행동 회로) 스스로 결정할 수 있습니다.

감정 회로에 대한 이해는 자신과의 관계에서도 중요합니다. 어려운 일이 생겼을 때 우리는 외부세계에 집중하여 이야기꾼 좌뇌가 만들어내는 비극적 시나리오에 빠져들곤 합니다. 타인의 탓으로 돌리는 것만큼이나 자기 비난의 언어들도 빈번하게 등장합니다. 자신을 몰아세우는 말들, 희망하여 노력하였으나 결과가 기대와 어긋났을 때 이전의 노력을 깡그리 무시하는 언어들, 좋은 의도를 갖고 시도했으나 예기치 못한 사고가 났을 때 충격받은 자신을 위로하기는커녕 시간을 과거로 회귀시키는 부질없는 말들. 내면의 자아는 끊임없이 떠들어대며 고통스러운 자신을 괴롭힙니다. 자동 반응하는 변연계의 감정 프로그램은 이미 종료되었는데 비탈길을 내려가는 눈덩이처럼 생각이 불어납니다. 생각의 가속도에 자신을 내맡겨 몸도 마음도 점점 황폐해집니다.

그러나 자신이 미워서 자신을 벼랑 끝으로 밀어버리고 싶은 사람은 없습니다. 무한 증식하는 부정적 생각이 부정적 감정을 낳고 이것이 다시 몸을 아프게 하는 식으로 부정의 피드백(사고 회로–감정 회로–생리적 반응)이 형성된 것입니다. 자신을 깎아내리는 생각이 거듭되어 고통스러울 때는 몸의 감각에 집중하여 에너지가 소진되지 않도록 해야 합니다. 낙담한 친구가 찾아왔을 때 그의 얘기를 귀 기울여 들어주고 공감해주듯이, 자신에게도 그렇게 해주어야 합니다.

그래야 쉴새 없이 지껄여대는 내면의 자아가 입을 닫습니다. 생각이 악순환할 때 내면에서 나오는 소리는 진짜 자신의 목소리가 아니기 때문입니다.

외부 자극에 따라 몸의 감각이 변하고 감정을 느끼는 것은 이성이 아니라 본능적인 반응입니다. 좌뇌의 작동 방식과 변연계의 작용은 감정으로 인한 몸의 생리적 변화를 설명해줍니다. 몸의 생리적 반응과 감정은 지금 내가 어떤지 알려주는 신호입니다. 괴로운 감정이 계속될 때 천천히 호흡하며 신체 반응을 느끼면 부정적 사고의 순환 고리에서 빠져나올 수 있습니다. 변연계의 감정 프로그램은 몸의 생리적 반응과 동반되므로, 몸의 감각을 익히면 격한 감정이 흘러나갈 수 있습니다.

관찰-느낌-욕구를 파악하는 자기돌봄은 자신의 상태를 인지하여 스스로를 이해하는 과정으로, 변연계의 감정 프로그램에 대처하는 데 도움이 됩니다. 감정을 구체적인 단어로, 자기가 원하는 것을 욕구 단어로 표현하는 것은 이성적 사고를 촉진합니다. 언어로 자신의 상태를 정리함으로써 변연계와 뇌간에 집중되어 있던 활성이 전두엽으로 옮겨가서 감정에서 벗어나게 됩니다. 느낌과 욕구를 이해하는 연습이 쌓이면, 습관화된 사고 회로-감정 회로-생리적 반응의 패턴을 알아차릴 수 있습니다. 아무 생각 없이 익숙한 패턴을 따르면서 불필요하게 에너지를 낭비하는 것이 아니라, 자신의 감정과 욕구를 인지하고 행동을 선택하게 됩니다.

삶의 흔적이 새겨진 우리의 뇌

인간의 뇌는 1,000억 개의 신경세포로 구성되어 있으며, 각 신경세포에는 수천 개의 가시(수상돌기, 축삭돌기)가 돋쳐 있습니다. 하나의 신경세포는 주변의 다른 신경세포와 복잡한 시냅스(신경세포가 서로 연결되는 부분)를 형성합니다. 뇌는 신경세포, 즉 뉴런들이 매우 역동적으로 연결되어 있는 집합체입니다. 한 세포가 다른 세포와 소통하려면, 전기 신호(1,000분의 1초 동안 지속되는)가 세포의 끝까지 가야 하며, 시냅스를 통해서 신경 전달물질이 다른 세포로 전달되어야 합니다. 두 개의 신경세포가 연결될 때 전기 신호와 화학 신호(신경 전달물질)가 동시에 작용합니다. 신경세포는 바로 옆에 있는 세포와만 소통하는 것이 아니라 연결망을 이뤄서 더 먼 곳에 있는 신경세포들과도 상호작용합니다. 뇌의 모든 영역은 전화선 같은 섬유 다발을 이뤄 먼 거리까지 서로 연결되며 뇌 전체에서 끊임없이 대화가 이뤄집니다.[22]

뇌의 신경 연결은 사람마다 다릅니다. 개인의 독특한 경험과 활동, 기억에 따라 자신만의 독특한 뇌의 연결이 이뤄지기 때문입니다. 인간이 성장하는 것처럼 신경세포의 연결망도 성장하고 분화하며, 한 사람의 평생에 걸쳐 환경과 외부 자극에 대응하여 지속적으로 변화합니다.[23] 우리 삶은 살아온 시간이 축적되면서 형성된 행동, 습관, 만남, 관계, 기억의 총체입니다. 어떤 환경에서 살았는지, 누구를 만났는지, 어떻게 반응했는지, 무엇을 생각했는지, 어떻게 느꼈는지, 뭐라고 말했는지, 얼마나 움직였는지 등에 따라 뇌의 물리적 연결이 달라집니다.

우리가 세상에서 유일한 단 한 사람이 되는 이유는, 경험에 따라 다르게 성장하고 분화하는 뇌세포의 연결 덕분입니다. 생물학적으로 인간종의 99.99%가 같지만, 단지 0.01%의 유전자 염기 서열의 차이만으로 외모와 생각과 행동이 판이해집니다. 모든 인간은 생물학적 동일성을 가지고 태어나지만 출생부터 사망까지의 기나긴 여정에서 끊임없이 뇌세포의 연결이 변합니다. 너와 나의 차이는 너의 뇌세포와 나의 뇌세포의 연결방식, 뇌의 회로가 달라서입니다.

같은 책을 읽어도 책을 읽는 속도, 감동받은 문장이 제각각이고, 한 가지 주제에 대해 동의와 반대 의견이 갈립니다. 책에 대한 배경지식을 갖고 있는가, 유사 도서를 읽은 경험이 많아서 저자의 주장을 이해하기 쉬운가, 책 읽기에 숙련되어 있어서 문해력이 높은가 등이 독서 속도에 영향을 미칩니다. 삶의 경험, 생각의 습관, 현재 처한 상황, 개인의 선호와 취향, 핵심 가치 또한 독서 경험에 차이가 생기는 요인입니다. 잘하고 못하고의 문제가 아니라 얼마나 해봤는지, 무엇을 해봤는지, 어떻게 해봤는지에 따라 뇌세포의 연결이 상이하고 저마다의 방식으로 책을 읽는 것입니다.

특정한 활동을 많이 할수록 해당 부위와 연관된 뉴런이 더 열심히 활동하여 뇌의 그 부위가 강화되고 실제로 뇌의 물질적 변화가 일어납니다. 농구 선수의 뇌는 일반인보다 소뇌(근육을 조절하고 신체의 움직임과 동작의 실행을 관장하는 영역)가 크며, 음악가 중에서도 현악기 연주자들은 왼손을 더 많이 쓰기 때문에 왼손의 촉각과 관련한 겉질(피질) 영역이 더 큽니다. 내비게이션 없이 런던 지리를 외워서 운전하는 런던 택시 기사들은 같은 연령대의 일반인들보다 해마(작업 기억과 연관된 뇌 영역)가 더 큽니다.

뇌의 물질적 변화는 의도된 행위일 때 더 활발하며, 단지 생각하는 것만으로 뇌에 가시적인 영향을 미칩니다. 자발적으로, 의식적으로 주의를 기울일 때 새로운 뇌세포가 더 잘 생산됩니다. 플라세보 효과(placebo effect)는 가짜 약을 투약하더라도 진짜 약이라고 믿었을 때 환자에게 나타나는 질병의 치료 효과를 일컫는 말입니다. 치료에 대한 기대와 믿음만으로 뇌에서는 엔케팔린이라는 화학물질이 생성돼서 고통이 감소하는 효과가 나타납니다. '의식적인 생각'이 이런 변화를 가능하게 합니다.

우울증 환자에게 항우울제로 치료하는 약물 요법과 다양한 대화 기법으로 치료하는 인지행동 요법을 시행했을 때, 인지행동 요법이 약물 요법보다 재발 확률이 낮습니다. 약물 요법이 신경 전달물질에 직접적으로 영향을 미치는 것과 달리, 인지행동 요법은 환자의 의식과 생각에 영향을 미쳐 신경망의 수준에서 뇌의 변화를 유도합니다. 환자가 세상을 긍정적으로 보도록 격려하여 환자의 믿음에 변화를 주고 개인화한 신경 회로가 바뀌도록 촉진합니다.

몸의 근육과 마찬가지로 뉴런(뇌를 구성하는 신경세포)도 쓰면 쓸수록 더 강해지고 커집니다. 반복 행동과 반복 경험은 뇌에 흔적을 남기며, 의식적인 노력, 주의 집중, 자발성, 믿음이 뇌에 가시적인 변화를 일으킵니다. 뇌를 쓰는 방식에 따라 뇌의 물리적인 구조도

달라지는 것을 **뇌의 가소성**(brain plasticity)이라고 합니다. 책 읽는 사람과 그렇지 않은 사람의 차이도 뇌의 가소성에 기인합니다.

뇌는 새로운 자극이나 환경 변화에 따라 본래의 구조를 다르게 조합하고 정렬을 바꿉니다. 이와 같은 **뇌의 유연성**은 호모 사피엔스가 출현한 10만 년 전부터 지금까지 인간이 생존을 위해 환경에 적응하면서 진화한 결과입니다. 침팬지와 염기 서열이 99% 일치하는 인간이 유인원과 다르게 먹이사슬의 정점에 올라간 이유는 대뇌 피질이 커지고 주름이 발달하면서였습니다. 또 언어가 출현하면서 발전한 언어 능력, 문자가 발명되면서 생긴 읽기 능력, 컴퓨터 및 통신 기술의 발달로 바뀌고 있는 의사소통 능력은 인간의 뇌가 끊임없이 변화하고 회로를 재구성하면서[24] 새로운 능력이 생성된다는 증거입니다.

나무의 성장 환경과 기후가 나무의 결에 흔적을 남기듯, 우리가 경험한 삶의 궤적은 뇌에 흔적을 남깁니다. 인간의 뇌는 고정불변이 아니라 길들이는 방향에 따라 스스로 개조됩니다.

써본 마음과 안 써본 마음

"한번 써본 마음은 남죠. 안 써본 마음이 어렵습니다."

_김금희, 「경애의 마음」

'한번 써본 마음'은 이미 경험을 해봐서 개인화한 뇌의 회로가 형성된 상태입니다. '안 써본 마음'은 아직 해보지 않아서 무엇을 어떻게 해야 할지 모르는, 뇌의 회로가 형성되지 않은 상태입니다. 처음 겪는 일이니 아직 신경 회로가 덜 연결됐을 테고, 이제 새로운 연결을 만들어야 하니 안 써본 마음이 어려운 건 당연합니다.

습관은 반복 행동의 시간이 축적된, 써본 마음입니다. 행동의 결과가 예측 가능하고, 머릿속에 시간 순서가 익숙하게 그려집니다. 습관 바꾸기는 관성을 버리고 뇌에 새로운 정보 처리 방식을 만들어내는 일입니다. 에너지를 효율적으로 사용하는 뇌의 관점에서 처음 해보는 일은 에너지를 더 많이 써야 합니다.[25] 습관 바꾸기는 안 써본 마음을 새롭게 만들어야 해서 어렵습니다.

감정을 알아차리고 내가 진짜 원하는 것이 무엇인지 듣는 것은 '안 써본 마음'에 가깝습니다. 어떤 사건이 발생했을 때 원인을 분석하고 문제 해결 대책을 세우는 데는 익숙하지만, 그 일에 대한 내 감정이나 욕구를 살펴본 경험은 거의 없습니다. 그러나 감정을 알고 다룰 줄 아는 것은 삶을 담백하게 만듭니다. 우리가 강조하는 이성적 사고 또한 감정과 따로 놀지 않습니다. 뇌의 구조를 봐도 이성적 사고를 관장하는 전두엽은 감정을 처리하는 편도체와 연결되어 통합적으로 일합니다. 감각계를 통해 들어온 외부 정보는 변연계에서 이를 어떻게 받아들일지 판단한 뒤에 대뇌 피질에 도달합니다. 편도체가 만들어낸 감정이 전두엽의 작용에 영향을 미칩니다.

몸의 생리적 반응을 알아차리는 것은 감정을 자각하는 중요한 경로입니다. 감정적으로 흥분했을 때와 감정과 욕구를 인지했을 때 생리적 반응이 달라집니다. 관찰―느낌―욕구의 과정으로 이뤄지는 자기돌봄은 몸의 감각을 느끼고 감정과 욕구를 이해하려는 노력이고, 뇌에 새로운 연결을 만드는 일입니다. 반복 경험이 뇌에 물질적 변화를 일으키듯이, 자기돌봄을 꾸준히 연습하면 감정을 잘 알아차리는 쪽으로 변화가 일어납니다.

감정을 인지하는 것이 '써본 마음'이 되면, 자기 감정을 존중하고 공감하는 마음도 성장합니다. 자기 감정을 알면 삶이 담백해져 외부세계를 인식하는 복잡도가 낮아집니다. 자신에게 투명해져 감정을 어떻게 다뤄야 할지, 외부세계에 어떻게 대처할지 방법을 찾을 수 있습니다.

인간의 뇌가 어떻게 마음을 만들어내는지 밝히는 뇌과학을 통해 인간이 어떤 존재인지 이해하였습니다. 0.001초 사이에 벌어지는 뇌의 전기화학적 작용을 지각할 순 없지만, 내가 살아온 시간, 경험, 역사는 나의 뇌에 새겨져 있습니다. '생각은 뇌에서 일어나는 운동'[26]이고, 뇌는 사용하는 만큼 그에 적응하며 변화합니다. 내 마음의 방향, 나의 의도를 인지하여 그쪽으로 가려는 노력이 뇌의 운동에 반향을 일으킵니다.

당신이 느낄 수 없는 것은 당신이 아니다

자아를 규정하는 것은 고통과 감각이다. 당신이 느낄 수 없는
것은 당신이 아니다.

_리베카 솔닛, 『멀고도 가까운』

한센병은 특정 박테리아에 감염되어 생기는 병으로, 한센병 환자
들은 손이 베이거나 화상을 입거나 상처가 나도 전혀 고통을 느끼지
못합니다. 피부의 통각(痛覺, sense of pain)이 소실되어 외부의 위험
으로부터 자신을 안전하게 지키지 못합니다. 자신을 보호하는 기제
로서 고통의 감각은 한센병 환자에게만 중요한 게 아닙니다.

자아를 규정하는 것은 내 몸을 온전히 인식하는 데서 시작됩니
다. 몸의 감각을 느낌으로써 내가 지금 어떤 상태인지 알 수 있습
니다. 느끼지 못한다면 내가 어떤지, 외부세계로부터 어떻게 자신
을 보호할지 알지 못합니다. 고통을 감각하면서 나와 외부세계를
구분하고, 자아의 경계를 알아차리고, 나라는 존재를 더 깊게 이해
합니다.

살아 있는 모든 존재가 고통을 느낍니다. 고통은 우리가 살아 있
음을 증명하는 감각적 실체입니다. 신체적 고통이 위험에 대한 신호
라면, 감정적 고통은 자기를 돌봐주라는 신호입니다. 마음의 고통을
느낌으로써 내가 괜찮은지, 괜찮지 않은지를 알아차리고 고통으로
부터 자신을 지킬 수 있습니다. 삶의 역동 속에서 나 자신과 외부의

경계는 계속 변할 터입니다. 가변적 존재인 인간에게 경계의 변화는 자연스럽습니다. '나'라는 사람은 바위와 같은 고정된 사물이 아니라 느낌도, 감정도, 욕구도 시시각각 변하는 유동적인 존재입니다.

외부 정보가 들어오면 몸이 반응하고 감정을 느낍니다. 외부세계와 나 사이에서 경계는 상황, 타인, 감정, 시간 등 여러 요인에 따라 흔들립니다. 이 흔들림 속에서 자신을 느끼고 지키는 과정에서 자아를 만들어갑니다. 받아들여야 하는 고통과 내쳐야 하는 고통, 필요한 고통과 불필요한 고통, 감당해야 하는 고통과 거부해야 하는 고통을 구분하고, 솟아오르는 고통과 사그라드는 고통을 깨달으면서 나 자신을 더 깊게 더 넓게 알아갑니다. 기쁨에서 고통까지 수많은 감정을 경험하며 내 삶의 물결이 일렁거렸다 잔잔해지길 거듭합니다.

내 고통의 감각을 알고 있을 때 타인의 고통에 공감할 수 있습니다. 나에 대한 앎이 있을 때 자아의 경계가 타인에게로, 세계로 확장됩니다. 고통에 대한 둔감함이 당장의 위기를 모면하는 데는 유용할지 모르지만, 무감각은 자아를 수축시킵니다. 나의 고통이나 타인의 고통에 무감각한 사람은 혼자만의 세계로 침잠하여 자신이라는 섬에 갇힙니다.[27]

고통에 대한 생생한 감각이 고통을 감당하는 힘을 키웁니다. 고통을 다루는 경험을 통해 나의 자아가 전보다 커집니다. 아플 정도의 운동을 한 뒤 몸이 아픈 시간을 견뎌야 근육이 생기는 것과 같습니다. 몸으로 고통을 느끼고, 고통을 느낀 상황을 인식하고, 고통스러울 때 내 안의 감정과 욕구를 언어화하면서 나에 대한 앎도, 고통이 발생하는 상황에 대한 데이터도 풍부해집니다.

　살면서 우리는 계속해서 고통과 마주할 것입니다. 나를 부인하거나 비난한다고 해서 고통이 사라지지 않습니다. 고통은 나를 보호하기 위해서 내면에서 나오는 소리입니다. 생각이 복잡할수록, 고통이 깊을수록 마음이 일어서는 데는 시간이 걸립니다. 자기돌봄을 통해 감정을 이해하고 조절하는 힘이 높아지면서 고통에 대응하는 역량이 늘어납니다. 마음의 맷집을 키움으로써 고통과 동행하며 걸어갈 수 있습니다.

[관찰]

하루를 돌아보며 기록하고 싶은 일 한가지를 골라 어떤 일이 있었는지 사실(fact)을 적어보세요.

[느낌]

감정 단어(pp.64~65)를 보면서 관찰한 일에 대해 내가 어떤 감정을 느꼈는지 찾고, 몸의 느낌도 적어보세요.

[욕구]

위의 감정을 느낄 때 내가 진짜 원한 것은 무엇이었는지 욕구 단어(p.81)에서 찾아 적어보세요.

＊ 자기돌봄을 경험하고 싶은 독자들을 위해 〈나를 돌보는 연습〉 서식을 수록합니다. 이 서식을 활용하여 일상에서 꾸준히 실행해보기 바랍니다.

3부

자기탐색

삶을 든든하게 받쳐주는 것은
내가 경험하고 몸으로 느꼈던
생생한 순간들입니다.
...
찬란하게 빛났던 순간에도
암담하게 침잠했던 순간에도
내 몸에 남겨진 기억과
내가 정성을 다한 것들이 있습니다.
작고 사소한 것에 관심을 가질 때
그 진심을 다른 것으로 퉁치거나
뭉뚱그려 버리지 않을 수 있습니다.

구체성이야말로 기본이다. 현실을 생생하게 '살아 숨 쉬는' 것으로, 개인적이며 의미가 있는 것으로 만드는 것이 바로 이 '구체성'이다. 만일 '구체성'을 상실하면 모든 것을 잃는다.

_올리버 색스, 「아내를 모자로 착각한 남자」

        '자기탐색'은 '나'라는 사람의 세계를 찾아가는 여행입니다. 태어나서 죽을 때까지 나로 살면서 내 안에 무엇이 있는지도 모른 채 사는 시간이 많습니다. 기억에 남아 있는 어린 시절부터 현재까지 그 모든 순간을 다 찾아갈 수는 없겠으나, 여행에서 공간을 구석구석 탐색하듯 나의 세계로 여행을 떠납니다. 오롯이 나에게 집중하여 잘 몰랐던 새로운 면을 발견합니다. 시력이 나빠졌을 때 안경을 다시 맞추면 세상이 환해지고 선명하게 보이는 것처럼 새로이 나를 경험하는 일이라고도 하겠습니다.

  삼시세끼 밥이 육체의 에너지를 만들 듯이, 자기돌봄은 정성껏 마음을 돌보아 매일을 살아갈 에너지를 충전하는 일입니다. 자기돌봄이 삶의 기초 체력을 키우는 일이라면, 자기탐색은 이미 알고 있던 나를 다시 만남으로써 자신에 대한 앎을 깊고 넓게 하는 시간입니다.

3부에서는 나를 알아가는 자기탐색의 방법으로 구체성과 자기민감성을 이야기합니다. 4부 '셀프 미션'은 자기탐색을 위해 나에게 질문하고 답하는 시간입니다. 내면의 바다를 탐험하기 위해 스스로에게 부여하는 과제입니다. 나를 앎으로써 있는 그대로의 나를 존중하고 삶을 감당하는 용량을 키울 수 있습니다.

구체성을 상실하면 모든 것을 잃는다

점이 모여 선이 되고 도형이 되듯, 삶은 찰나의 순간들이 축적되어 구성됩니다. 우리는 돌이킬 수 없는 시간을 살아가고 지금 내 몸에는 과거의 시간이 켜켜이 쌓여 있습니다. 내가 먹은 것이 몸속을 순환하여 움직이는 에너지가 되고 살이 됩니다. 내가 경험한 것들이 연속성을 가짐으로써 나의 이야기가 만들어지고 자아를 형성합니다.

아이들의 성장 과정을 보면 삶의 작은 조각들이 얼마나 소중한지 이해가 됩니다. 주양육자와 시선을 맞추고, 목을 가누고, 엎드리고, 배밀이를 하고, 기고, 앉고, 서고……. 아이들은 시행착오를 거치며 앞 단계에서 다음 단계로 나아갑니다. 아이들은 점진적으로만 성장하며, 매 순간을 차곡차곡 쌓아가며 발달과제를 이행합니다.

세상을 알아가는 방식도 동일합니다. 아이는 주양육자의 냄새, 감촉, 맛을 느낍니다. 그 모습의 부분 부분이 모여서 엄마 아빠를 총체적으로 인식합니다. 색깔, 모양, 소리, 냄새, 맛 등 감각을 통해 세상의 조각들을 만나고, 작은 조각들이 모여서 하나의 세계를 이해합니다. 부모는 아이가 혼란스럽지 않도록, 작은 조각들로부터 세상을 만나도록 돕습니다. 아이는 세상을 구성하는 단편들을 하나씩 접한 후에 조금 더 큰 세계를 알게 되고, 조금씩 현실로 나아갑니다.

이 모든 순간, 이 모든 조각, 이 모든 개별의 경험이 모여서 나라는 사람의 이야기, 가치관, 정체성이 만들어집니다. 스티브 잡스가 말한 'connecting the dots'는 점들이 연결되어 생의 전환점이 만들어진다는 뜻입니다. 당시에는 어떤 의미인지 몰랐으나 되돌아보니 현재의 나를 구성하는 데 중요했다고 깨닫는 일들이 있습니다. 무수한 선택의 과정을 거치면서 성공도 하고 실패도 하며, 성공과 실패 사이에서 애매하게 자리 잡기도 하며 지금에 도달하였습니다. 그 시간을 견디고 온몸으로 경험하고 선택의 결과들을 통과하여 살아왔습니다. 삶의 사소한 단편들을 쌓으며 나만의 기준을 벼리고 가치관을 만들며 현재에 이르렀습니다.

나라는 사람을 특징짓는 것들, 즉 무엇이 중요한지, 어떤 성격인지, 어떤 미래를 꿈꾸는지와 같은 추상화된 특성들은, 일상의 조각들, 세세한 순간들, 결과와 상관없이 애썼던 시간을 거쳐 추출됩니다. 일상에 매몰된 삶은 숨이 막히지만, 삶의 현장으로서 일상이 배제된 추상도 공허합니다.

나라는 사람의 구체성 없이 나를 말할 수는 없습니다. 삶을 든든하게 받쳐주는 것은 내가 경험하고 몸으로 느낀 구체적인 순간들입니다. 그 장소, 공간, 사람, 사물, 공기, 햇빛, 그림자, 소리, 냄새를 느꼈던 생생한 감각이 있습니다. 찬란하게 빛나던 순간에도, 암담하게 침잠하던 순간에도 내 몸에 남겨진 기억과 정성을 다한 것들이 있습니다. 작고 사소한 것에 관심을 갖고 집중할 때 그 진심을 다른 것으로 퉁치거나 뭉뚱그려 버리지 않을 수 있습니다. 나의 세계를 탐색하는데 구체성이 중요하다고 말하는 건 그 조그만 조각들, 마음의 편린들을 합한 것이 나이고, 나의 진실을 알아볼 때 삶에 의미가 더해지기 때문입니다.

구체성의 감각은 나와 타인이 연결되고 내 마음이 타인의 삶에 가닿을 수 있도록 합니다. 어른이 되고 부모가 된 후, 다른 아이, 다른 부모의 고통에 민감해지는 것은 내 삶의 경험에 비추어 그들을 이해할 수 있어서입니다. 아이가 아파서 잠 못 이루던 밤, 아이에게 큰일이라도 생기면 어쩌나 걱정돼서 온몸이 긴장하며 마음 졸였던 기억, 사랑하는 사람을 잃고 심장이 잘려 나간 듯 마음이 부서졌던 경험, 뭐라도 하고 싶지만 아무것도 할 수 없어서 무력하고 그래서 더 절망했던 기억. 고통의 세부적인 내용은 다를지라도 자신의 고통에 대한 생생한 감각이 있어서 타인의 느낌과 생각, 마음을 헤아릴 수 있습니다. 걱정과 불안, 아픔과 슬픔, 공포와 두려움, 이별과 상실을 겪어봤기에 타인의 고통을 상상할 수 있습니다.

내 고통의 감각을 기억하고 '너도 그렇겠구나' 하며 타인의 아픔을 이해하기에 세월호의 상처, 학대받는 아이들의 고통, 불의의 사고를 당한 이들의 절망을 함께 슬퍼합니다. '네게 일어난 일이 내게도 일어날 수 있겠구나' 하며 내 마음의 자리에서 너의 자리로 옮겨 갑니다. 자리를 바꿀 수 있는 마음은 눈물의 연대라고도 할 수 있습니다. 연민하는 마음은 내 좌절을 넘어서 타인의 절망을 상상하는 것이고, 그래서 자아의 경계가 타인에게로 확장됩니다. 나의 경계는 확정되어 있지 않으며, 연민을 통해 경계가 흐려지거나 타인의 경계와 겹치기도 합니다. 삶에 대한 구체성의 감각을 가짐으로써 나를 넘어 타인을 공감하고, 연약한 존재인 우리들이 서로 연결됩니다.

'나'에 대해 알아가는 자기탐색의 여정에서 구체성은 필수요소입니다. 나를 구성하는 작은 조각들을 정리하여 나를 이해하고 재발견합니다. 재발견은 '발굴'이기도 합니다. 발굴이란 땅속에 묻혀 있던 것을 찾아낸다는 뜻입니다. 없었던 것이 아니라 이미 존재했는데, 주의를 기울이지 않아서 보지 못했습니다.[28] '나'란 사람을 구성하는 구체적인 요소들을 찬찬히 돌아봄으로써 나의 가치를 찾아낼 수 있습니다.

그래서 자기탐색은 나를 발굴하는 작업입니다. '삶의 질은 기쁨을 맛보는 능력과 비례하고, 기쁨을 맛보는 능력은 관심을 갖는 것으로부터 비롯된다'고 줄리아 카메론은 말합니다.[29] '나'라는 세계를 구성하는 세부적인 요소들에 애정 어린 관심을 가질 때 현재는 살아있는 나의 것이 됩니다. 충분히 작은 조각들로 나누어 자세히 바라볼 때 삶에 생기를 불어넣고 정감을 가질 수 있습니다.

타인 민감성에서 자기 민감성으로

　나를 발굴하는 작업으로서 '자기탐색'은 자기 민감성을 높이는 일이기도 합니다. '민감하다'는 '자극에 빠르게 반응을 보이거나 쉽게 영향을 받는 상태'라는 뜻으로, 주체가 외부세계와 관계하는 방식이 내포된 단어입니다. '자기 민감성'은 외부와의 관계보다 자신의 내적 상태를 섬세하게 인식한다는 의미로, 에리히 프롬의 '사랑의 실천 방법'에 대한 논의를 가져왔습니다.

　사랑을 실천하는 조건에는 '훈련, 정신 집중, 인내, 최고의 관심' 네 가지가 있습니다. 정신 집중은 '내 힘의 중심으로서, 나의 세계의 창조자로서, 나 자신이라는 감각'을 갖는 것입니다. 사랑을 할 때 상대에게만 집중하기 쉬운데, 자신에게 집중하여 스스로 자립하는 게 더 중요합니다. 자기 집중은 자신에게 민감해지라는 뜻입니다. 우울하거나 피로하다면 자신에게 무슨 일이 일어났고 왜 우울한지 생각해보면서 스스로의 상태를 느끼고 깨닫습니다.[30]

　'자기 민감성'은 에리히 프롬이 말한 정신 집중을 더 발전시킨 개념입니다. 자기 민감성은 내가 어떤 상태이고 어떤 사람이며 어떤 사람이고 싶은지를 아는 것입니다.

우리는 두 눈으로 세상을 보느라 여념이 없습니다. 외부세계에서 벌어지는 일에는 촉각을 곤두세우면서도 정작 내 안에서 무슨 일이 일어나고 있는지는 알지 못합니다. 잠시 두 눈을 감고 외부에서 들어오는 정보를 차단하여 내면을 응시합니다. 자기의 감정과 욕구와 몸의 감각을 인식하는 자기돌봄을 통해 마음의 소리에 귀를 여는 것이 자기 민감성을 키우는 일입니다. 어른이 될수록 챙겨야 할 일도 책임질 일도 많아지면서 외부세계에 더 민감해지기 마련인데, 나에게 집중하여 내면에 민감해짐으로써 내 안의 힘을 스스로 키워 갑니다.

자기 민감성에 대한 강조는 우리가 처한 두 가지 환경을 고려해서입니다. 첫째는 우리가 살아가는 21세기가 정보 과잉의 시대라는 점입니다. 우리는 시청각 정보가 끊임없이 쏟아져 현실을 압도하는 세상에서 살아갑니다. 유튜브, 인스타그램, 페이스북을 비롯한 수많은 플랫폼을 통해 온라인 자극이 계속되는 생활은 재미와 정보를 주지만, 내가 그것을 어떻게 받아들일지 정리할 시간은 적습니다.

SNS가 가져온 새로운 연결은 세상과 만나는 또 다른 문을 열어주었습니다. SNS 속 자아는 보조 자아로, 나의 여러 정체성 중에서 타인에게 보여지는 자아로 기능합니다. 하지만 손쉽게 타인의 삶을 관람하면서 사회적 비교와 질투에 노출되거나 타인의 주목과 인정에 대한 갈망을 만들어낸 것 또한 사실입니다. 광고 문구에서 흔하게 접하는 '나답게', '나다움' 같은 문구는 개인의 가치를 강조하지만, 그것이 자아 성찰을 촉구하는지 상품 소비를 촉구하는지 헷갈립니다.

넘쳐나는 정보 속에서 무심코 환경에 휩쓸리지 않고 자기 중심을 지키기 위해서는 자신의 이야기를 만드는 시간과 내면의 정체성에 대한 감각이 필요합니다. 가상세계에서 타인과 연결되어 영향받을 때 무엇에 흔들리는지, 그 흔들림이 내게 어떤 의미가 있는지, 내가 지향할 가치인지, 단순히 보여지는 것에 대한 선망인지, 부러운 감정을 느낄 때 내게 어떤 욕구가 숨어 있는지, 비판하는 감정이 올라올 때 내 안의 무엇이 소리 내고 있는지 분별합니다. 외부 자극에 조금 느리게 반응하더라도 내 안의 소리에 귀 기울인다면, 외부세계와 나 사이에서 적절한 균형을 잡을 수 있습니다. 자신에게 민감해져 스스로 중심을 지킬 때, 새로운 정보나 유행에 귀를 닫지도, 휩쓸리지도 않으면서 개방적 자세를 취하며 나의 세계를 확장할 수 있습니다.

두 번째는 내가 속한 사회의 가치관과 신념을 내면화하고 환경에 적응하며 지금의 정체성을 형성해왔다는 점입니다. 나도 모르게 받아들였지만, 내가 수용할 수 있는 것과 그렇지 않은 것이 있습니다. 어른들이 시켜서 뭔지도 모른 채 순종했던 일, 하고 싶지 않았지만 뒷일이 두려워 거절하지 못했던 기억, 결혼 후 시가(처가)와 관계에서 어쩔 수 없이 했던 일 등. 감당할 수 없는 것을 따르다가 소진되어

본 경험이 있습니다. 내가 무엇을 원하는지 아는 것은 그동안의 혼란과 상처를 회복하는 데 도움이 됩니다.

나라는 사람의 집합과 사회적 환경이라는 집합을 구분합니다. 둘 사이의 교집합은 어디이고 도저히 만날 수 없는 차집합의 영역은 무엇인지 알면 내 안의 갈등이 줄어듭니다. 살아가는 내내 환경과 상호작용할 테지만, 나의 마음을 알고 어디까지 할 수 있는지 아는 것은 좌표와 같은 역할을 합니다. 마음의 좌표를 알고 있다면, 흔들리더라도 외부의 요구와 나를 구별하며 나아갈 수 있습니다. 자기 민감성은 '나'를 구성하는 집합과 외부요소들을 구분하고, 나의 경계를 새롭게 만드는 일입니다.

자기 민감성은 젠더, 세대, 국가, 인종, 취향 등 전과 비교할 수 없게 '다름'이 가시화되는 현실에서 더욱 중요해집니다. 모 아니면 도, 흑과 백의 이분법으로는 도저히 설명되지 않는 세상입니다. 양극이 있는 게 아니라, 하나의 선 위에 위치가 다른 점들이 찍히는 것과 유사합니다. 삶은 이쪽과 저쪽 중 어느 한 점이 아니라 스펙트럼처럼 폭넓게 분포합니다. '다름'을 드러내는 것이 갈등과 충돌로 가지 않으려면, 자신에게 관심을 가지고 자기 입장과 생각을 알려고 노력해야 합니다. 뼛속까지 다른 사람들이 모였을 때 생기는 긴장은 자연스럽습니다. 다름을 알아가는 과정에서 갈등이 발생하기도 합니다. 타인에게 한껏 민감해져서 그 사람의 일거수일투족에 신경 쓰기보다는, 자신에게 민감해져서 스스로를 잘 알고 돌볼 때 타인의 다름도 인정할 수 있습니다.

　한 사회, 조직, 관계의 성숙도는 서로의 다름을 존중하는 민감성의 수준에서 결정됩니다. 스스로를 이해하여 내면의 이야기를 구축할 때 타인과 서로의 차이를 놓고 대화할 수 있습니다. 내면의 자아가 하는 말을 잘 들어주어 타인의 인정에 의존하지 않을 때, 그의 취향과 경계도 존중할 수 있습니다. 타인 민감성보다 자기 민감성이 선행되어야 하는 이유입니다.

내가 없어지지 않도록
나를 소중히 여긴다는 것

하루하루 자신을 위한 아침 시간을 보낼 수 있어 좋았다. _1기

여러 미션들도 좋았고, 그래서 자신을 처음으로 디테일하게 들여다볼 수 있었어요. 관찰, 느낌, 욕구 쓰는 것도 감정 조절할 수 있는 힘을 기르게 된 것 같아요. _2기

나를 인정한 점. 단점이라고 생각하는 부분도 내가 끌어안고 가야한다는 점을 알게 되었다. 나를 사랑해야 할 이유를 명확히 알았음. _3기

매일매일 나 자신에게 집중할 수 있어서 좋았어요. _4기

너무 바쁘고 정신없이 시간이 흘러갔는데 매일매일 셀미를 위해 앉아서 기록하며 하루를 돌아보고 기록할 수 있어서 너

무 좋았다. _5기

나와의 상호작용을 알아가는 시간들이었습니다. _6기

나를 생각하는 시간을 가진다는 것 자체가 좋았습니다. _7기[31]

나에게 집중해서 자신을 들여다보는 시간이 삶에 활력을 주었다고 커밍비 워크숍 참가자들은 이야기합니다. 다른 누가 아닌 자기 마음의 소리를 듣고 자신과 상호작용하는 시간이 갖는 힘입니다.

"육아를 시작하면서 내가 그동안 너무 내 자신을 소중히 여기지 않고 돌보지 않았구나, 내가 없어지는데도 모르고 살았구나. 요즘 셀프 미션 하면서 많이 반성하고 저를 좀 더 사랑하려 합니다."(4기, J., 2019. 11. 23.)

육아는 다른 존재에게 사랑과 책임을 다하는 일이어서 아이에게 집중하다 보면 나를 놓치는 경우가 많습니다. 아이에게 온 신경을 쓰다 보면 자기를 돌볼 겨를이 없습니다. 아이의 상태에는 민감하지만 자신의 상태에는 무심해지기 일쑤입니다. 육아가 아니더라도 회사 업무나 사회적 관계에서 다른 사람이 하는 말과 행동, 기분을 파악하려고 애를 씁니다. 우리는 성장 과정과 사회생활을 통해 타인 민감성을 충분히 가지고 있습니다. 하지만 자기 마음은 어떤지, 몸 상태는 괜찮은지, 무슨 말을 하고 싶은지는 잘 모르고 들으려고 하지 않습니다.

자기 민감성은 타인에게 향했던 시선을 내게로 돌려 나를 소중히 여기는 일입니다. 내가 없어지지 않도록, 내가 사라지지 않도록, 내가 소진되지 않도록, 생활이 나를 삼키지 않도록, 내 몸과 마음을 구석구석 살피는 일입니다. 타인에게 예의를 갖추기 위해 노력해왔다면, 존중의 대상에 나를 포함시켜 나에 대한 예의를 지키기 위해 노력하는 일입니다. 나에게 관심을 기울여 나의 이야기를 잘 들어주고 자신과 상호작용하는 것이 자기 민감성을 키우는 일입니다. 자신과의 관계에서 스스로를 있는 그대로 받아들인다면, 타인과의 관계에서도 그를 존재 자체로 수용할 수 있습니다.

자아상(self-image)은 자신에 대한 느낌이나 생각, 스스로에 대한 주관적인 평가와 견해를 뜻합니다. '내가 나를 어떤 사람으로 보고 있는가', '나를 존재 자체로 인정하고 있는가'라는 질문에 부정적으로 답한다면 자아존중감은 낮아집니다. 어떤 자아상을 갖느냐는 삶의 질과 관계에 큰 영향을 미칩니다.

아이를 키우는 것은 한 존재의 시작에서부터 모든 과정을 지켜보는 일입니다. 내가 싫어하는 내 모습을 아이에게 발견할 때 나도 모르게 예민하게 반응합니다. 자신에 대한 감정을 아이의 행동에 투사하기 때문입니다. (특정 행동을 하는) 나를 인정하고 싶지 않으므로 (그 행동을 하는) 아이도 인정하기 힘듭니다. 아이를 있는 그대로 보지 못하고 자신이 생각하는 대로 해석하고 판단합니다. 자기 인식이 아이에 대한 인식에도 영향을 미칩니다. 자신을 수용하면, 타인을 수용할 마음의 자리가 생깁니다.

긍정적 자아상을 가지려면 먼저 자신을 이해해야 합니다. 자기 민감성 연습을 통해 자신을 잘 알고, 있는 그대로의 나를 존중하는 것이 먼저입니다. 잘하기도 하고 못하기도 하는, 맘에 드는 면도 있고 맘에 안 드는 면도 있는 내가 있습니다. 우리는 더 잘하고 싶어서 부족한 면을 먼저 봅니다. 더 나은 내가 되고 싶어서 개선하려는 욕구는 변화의 원동력입니다. 그러나 잘한 것보다 못한 것을 보느라 내가 땀 흘려 애쓰고 눈물 흘리며 일군 사소한 성공들은 보지 못합니다. 두 개의 눈을 갖고 있으면서도 한쪽 눈만 사용합니다. 부정적인 모습, 실패한 모습, 좌절한 모습을 보는 눈이 더 활성화되어 있습니다. 좌뇌의 분석하고 비판하는 사고가 우뇌의 공감하고 인정하는 사고보다 빨리 움직입니다.

실패와 부정, 좌절은 아주 중요합니다. 성공했을 때는 흡족한 마음에 자세히 들여다보지 않지만, 실패하면 내 안을 자세히 들여다보고 나와 세상의 관계를 깊게 성찰합니다.[32] 성공했을 때보다 좌절할 때 내 욕망의 실체를 직면할 수 있습니다. 실패했을 때 발견하는 나, 나의 행동, 세상과 나의 관계야말로 평소에 보기 힘든 나의 또 다른 진실입니다. 실패와 좌절이 배움의 계기가 되려면, **나에 대한 믿음**이 전제되어야 합니다. 믿음이란 조금 부족하더라도 나를 존재 자체로 괜찮은 사람으로 인정하는 마음입니다. 실패 경험에 짓눌리지 않고, 실패가 해준 말을 기억하고 실패가 나 자신보다 크지 않음을 기억하는 마음입니다. 잘해야만 괜찮은 사람이 아니라 잘못했어도 괜찮은 사람으로, 노력한 나를 소중히 여기는 시각을 가집니다. 양쪽 눈으로 잘한 나와 잘못한 나, 둘 다 봅니다.

'되고 싶은 나'와 '현재의 나' 사이의 간극은 항상 존재합니다. 현재의 나를 받아들여야 '되고 싶은 나'를 향해 나아갈 힘이 생깁니다. 스스로를 비난하거나 자책하면 현재를 살아갈 온기를 잃고 공허함과 결탁하게 됩니다. 현재를 한 발자국씩 내딛어야 미래를 만날 수 있는데, 나를 부정하면 '되고 싶은 나'로 나아갈 에너지가 떨어집니다. 무의미함이 나를 둘러싸 현재를 차곡차곡 쌓아 올리는 힘을 갉아먹습니다.

'나'라는 세계의 질서

자기탐색은 지금 내 모습을 있는 그대로 수용하기 위한 연습입니다. 분석과 평가는 살면서 많이 해봤으니 다른 시도를 해봅니다. 분석과 평가에 주력하다 보면 내 안의 좋은 점을 놓치거나 부인하기 쉽습니다.

'나'란 사람은 다양한 요소들로 이루어지고, '나'라는 세계의 질서는 그 요소들이 어우러져 유지됩니다. 내가 좋아하는 모습도 싫어하는 모습도 나의 일부입니다. 내 아이의 속 터지는 면이 내가 사랑한 아이의 한 부분이듯, 외면하고 싶은 내 모습도 나의 한 부분입니다. 나를 긍정적인 면과 부정적인 면으로 나누곤 하는데, 이런 시각은 나를 고정된 틀 안에 가두기 쉽습니다. 내가 부정적으로 생각한 것들이 진짜 부정적인지 아닌지는 단정할 수 없습니다. 상황에 따라, 방향성에 따라, 기준에 따라 달라지기 때문입니다. 부정적이라고 스스로 판단할 때 다른 가능성은 보기 어렵습니다.

흥분을 잘하고 목소리가 커지기 일쑤인 내가 싫습니다. 좀 차분하고 낮은 목소리로 부드럽게 얘기하고 싶습니다. 목소리가 얼마나 큰지, 얼마나 흥분했는지의 기준은 사람마다 다릅니다. 목소리의 크기를 데시벨(dB)로 측정할 수도 없고 흥분한 정도를 심장박동수나 혈류의 변화로 매번 잴 수도 없습니다. 다른 사람에게 폐를 끼치거나 상처를 주지 않는다면, 이 또한 나를 구성하는 요소로 받아들입니다. 누군가는 그것을 열정의 크기로 볼 수도 있습니다. 부정적 평가는 나의 주관적인 해석입니다. 부정적으로 생각한 부분을 자세히 들여다보면 내가 어떤 사람이 되고 싶은지가 보입니다. 하지만 현재의 내 모습과 되고 싶은 나 사이의 괴리감이 클수록 현재를 살아갈 힘이 스러집니다. 나의 그런 면을 부인한다고 해서 한 번에 바뀌지도 않습니다. 그런 나를 인정하고, 내가 흥분하거나 목소리가 커질 때 어떤 부분이 내면을 건드렸는지 관찰하고 느껴보는 것이 더 도움이 됩니다. 그렇게 한 데에는 나만의 이유가 있기 때문입니다.

나를 구성하는 요소들을 찬찬히 살피는 '자기탐색'은 나를 제대로 보기 위한 노력입니다. 관계에 패턴이 있듯 내가 나를 보는 방식에도 패턴이 있습니다. 나를 평가하는 특정 패턴에 익숙해지면 지금 보는 것 이외에는 보지 못합니다. 나라는 존재를 긍정과 부정으로 나누면 긍정과 부정의 위계가 생겨 부정적 측면을 억압하게 됩니다. **이 모든 것을 합한 것이 나임을** 인정하고, 나라는 세계의 여러 요소를 탐색하여 이 요소들이 조화를 이룰 가능성을 찾습니다. 존재 자체로 괜찮은 사람으로서 나를 존중할 때 긍정적 자아상을 회복할 수 있습니다. 나를 긍정적으로 보려는 노력 속에서 스스로를 생각하는 패턴, 마음속에 형성된 생각의 회로가 서서히 바뀝니다.

'자기탐색'의 여정은 질문으로 구성됩니다. 사람을 처음 만났을 때 질문을 하면서 서로에 대해 알아갑니다. 그 사람은 뭘 좋아하는지, 무엇에 관심이 있는지 들으면서 그에 대한 지식이 생깁니다. 타인에 대한 '완벽한 앎'이란 부부 사이에도, 부모 자식 사이에도 불가능합니다. 우리는 다만 서로를 알고 이해하려고 노력할 뿐이며, 그러한 노력이 사랑의 과정입니다. 나도 자신에 대해 완벽히 알지 못합니다. 나를 알고 이해하려는 노력 속에서 나를 사랑할 수 있습니다.

열린 질문을 하면서 구체적으로 나를 들여다보고, 질문에 답하면서 나에 대해 정리하고 새로운 나를 발견합니다. '새롭다'는 것은 기존에 없던 것이 아니라 그동안 보지 못했던 것을 발굴한다는 뜻입니다. 나에게 관심을 가짐으로써 습관적으로 생각하던 나로부터 벗어납니다. 맨날 하던 패턴과는 다른 질문을 함으로써 프레임을 전환합니다. 추상적으로 머릿속에서 맴돌던 생각들을 구체적으로 적으면서 눈에 보이게 합니다. 생각을 시각화하는 '쓰기'를 통해 나의 정체성을 재정립합니다.

'자기탐색' 질문은 내 삶에 구체성을 더하는 일입니다. 나의 기준과 경계를 세우며 자기 민감성을 높입니다. 외부 자극이 왔을 때 동요하는 것 또한 삶의 과정이지만, 그 파도에 올라타는 힘, 균형 감각과 근육을 키웁니다. 체력을 키우기 위해 몸 근육을 단련시키듯, 삶의 파도를 타기 위해 마음 근육을 단련시킵니다. 다른 누구보다 나를 소중히 여기며 자신에 대한 앎을 향해 나아갑니다.

질문을 살다

4부 셀프 미션은 자기탐색을 위한 네 가지 주제로 구성되어 있습니다. 〈나의 발견〉, 〈나의 미래〉, 〈나의 관계〉, 〈삶의 균형〉, 각 주제별로 다섯 번의 질문을 받고 답하면서 나에 대해 알아갑니다.

〈나의 발견〉은 '나다움'을 발견하는 시간입니다. 입꼬리가 올라가며 자연스럽게 기쁨을 느끼는 물건, 행동, 사람이 있습니다. 내가 좋아하는 것, 즐거워지는 것은 나를 나이게 합니다. 나를 나이게 하는 것에서 즐거움만 느끼지는 않습니다. 고된 노력의 행위, 힘들고 고단한 것도 나를 구성합니다. 우선 '즐거움'에서 시작합니다. 더딘 시간을 견디며 나아가는 삶에서 즐거움, 기쁨, 온기와 같은 에너지는 현재를 건설하는 자원이기 때문입니다.

긍정의 언어는 너무 흔해서 진부하다고 느껴질 때가 있지만, 그 언어에 담긴 의미는 진부하지 않습니다. 그것을 상투적이라며 무시할 때 마음속에 무의미함이 물처럼 차오릅니다. 긍정의 의미를 믿으며 걸을 때 지속하는 힘이 생깁니다. 희망을 망각하지 않고 나를 소외시키지 않을 수 있습니다. 희망의 토양 위에 구체적인 행위와 바람(want)을 적어보면서 나의 이야기를 새롭게 씁니다.

〈나의 미래〉에서는 내가 가닿고 싶은 곳, 미래를 상상합니다. 중년이 되고 20대를 돌아보면, 어떤 의미였는지 전혀 알 수 없다가 이제야 고개가 끄덕여지는 일들이 있습니다. 내가 왜 그런 선택을 할수밖에 없었는지, 그때의 혼란이 어떤 의미였는지, 현재의 내가 되는 데 어떤 도움이 되었는지 지금에서야 보입니다. 도대체 답을 알수 없었으나 '**질문을 살고**'³³ 나서 선명해지는 것이 있습니다. 일정 시간이 경과하고 그때와 거리를 둔 후에 생의 흐름 속에서 그 시기를 객관화해서 볼 수 있게 됩니다.

그래서 미래를 상상합니다. 현재의 내가 나를 온전히 이해할 수 없으므로, 시간의 흐름을 앞으로 당겨 미래의 내가 현재의 나를 보도록 합니다. 우리는 종종 현재에 매몰된 채 살아갑니다. 때때로 터널 속에 있는 것처럼 시야가 좁습니다. 미래로 시야를 확장한다면, 되고 싶은 나의 형상이 나타납니다. 오랜 시간이 흐른 후를 그려서 삶을 전체적으로 조망합니다.

미래를 상상하는 일이 쉽지는 않습니다. 살아온 날보다 살아갈 날이 많은 아이들은 꿈을 말하기를 주저하지 않습니다. 장래 희망을 쉽게 이야기합니다. 자기 자신과 환경에 대한 데이터가 적어서 가능한 일입니다. 그러나 A를 했더니 B가 아니고 C가 되었던 경험, B가 좌절된 경험을 가진 어른은 다시 B에 도전하기 위해 용기가 필요합니다. 삶의 역사에서 엮어온 성공과 실패의 경험, 사회적 가치와 신념 체계들이 내면화되어 미래에 대한 상상력을 제한합니다. 현재를 사는 것만으로 힘에 부칠 때도 있습니다.

> 열린 미래의 경험이란 과거의 지나간 사건, 행위, 경험이 단하나의 미래로 고착되지 않는다는 뜻이다. 또한 이전의 규칙에 맞춰 미래에도 똑같이 살아야 하는 숙명이 아니며 과거의 삶과 거리를 두고 새로운 무언가를 시도해볼 수 있다는 뜻이다.
>
> _페터 비에리, 『삶의 격』

과거의 경험을 이해하는 것은 중요하지만 미래에도 과거와 똑같이 산다고 판단하지 말라고 페터 비에리는 말합니다. '열린 미래의 경험'은 우리가 새로운 시도를 하여 과거와 다른 삶을 만들 가능성이 있다는 뜻입니다. 내일이 오늘의 무한반복일지 아닐지는 오늘을 어떻게 사느냐에 따라 달라집니다. 우리는 숙명을 사는 게 아니라 오늘을 삶으로써 내일을 건설합니다. 아직 가보지 않아 알 수 없는 미래를 두려워하지 말고, 나의 소망을 확인하고 그곳에 도달하기 위해 현재에 최선을 다합니다. 과거와 다른 미래를 허락하기 위하여 미래를 상상합니다. 현재를 재인식하기 위해 미래 시점에서 현재의 나를 봅니다. 현재의 의미를 찾아 미래의 문을 열고 구체적인 행동으로

한 걸음씩 나아갑니다.

〈나의 관계〉에서는 소중한 사람들과의 공존을 다룹니다. '나에게 가장 소중한 존재, 큰 영향을 준 사람, 도전이 되는 사람, 롤 모델'에는 자녀, 부모, 배우자 등 친밀한 사람들이 등장합니다.

우리는 엄마 배 속에서 나와서 죽을 때까지 관계 속에서 살아갑니다. 부모님의 몸을 통해 세상에 나왔지만, 나와 부모님은 다릅니다. 내 몸을 통해 세상에 나왔지만, 내 아이와 나도 다릅니다. 배우자와의 관계나 사회적 관계는 말할 것도 없습니다. 서로 다른 역사, 경험, 기억, 상처, 환경에서 살았던 이들이 다른 것은 자연스럽습니다. 그래서 차이를 가리거나 외면하기보다 인식하려고 합니다.

고정된 기대 속에 그들을 가두지 않고, 섬세하게 살피는 과정에서 내가 그동안 보지 못했던 면을 발견합니다. 그의 이야기, 행동, 관계, 바람들을 관찰하면서 어떤 사람인지 탐구합니다. 늘 앉던 자리에서 다른 자리로 바꾸면 새로운 것이 보이듯이 익숙한 시각에서 이탈해봅니다.

삶의 중요한 관계를 관찰하는 작업은 내 경험의 편협한 한계를 넘어서려는 노력이기도 합니다. 어떤 색깔의 선글라스를 쓰느냐에 따라 세상의 빛깔이 달라집니다. 소중한 사람들에 대해서도 나와 연관된 것만 볼 수 있습니다. 내가 모르는 세계가 있음을 인정하며 탐구하는 마음으로 그들과 관계를 만들어갑니다. 그들의 구체적 삶의 순간들에 관심을 기울이는 일은 나를 위해서이기도 합니다. 그를 보는 내 시각이 내가 나를 보는 시각이기 때문입니다.

친밀한 관계에 대한 탐색은 나를 탐험하는 일입니다. 아이를 키우는 부모가 된 나, 부모님의 영향 속에 자란 나, 배우자와 함께 사는 나, 친구와 대화하길 좋아하는 나 등 그들과 관계하는 내가 있습니다. 거울 속의 나를 보듯 그들에게 투영된 내 모습을 관찰합니다. 그들과의 관계를 정리하는 과정에서 내가 받은 사랑과 상처, **그럼에도 불구하고** 변화한 나를 발견합니다. 여기까지 온 나도 있지만, 낙담하고 체념한 나도 있습니다. 나의 아픔을 되새기면서 내가 받고 싶었던 사랑의 표현 방식, 인정의 언어가 무엇인지 깨닫습니다. 관계를 돌아보는 작업을 통해 그들에게 내가 바랐던 것, 내 욕구를 이해합니다. 상처를 만나 고통스럽지만 회피하기보다 직면하여 그 상처에 담긴 나의 간절한 마음을 돌보아줍니다.

〈삶의 균형〉은 현재에서 앞으로 내딛는 한 걸음을 상상하는 시간입니다. 현재와 미래, 과거와 현재, 안주와 도전, 익숙한 것과 새로운 것, 여유와 긴장 **사이**를 오가며 삶의 여정을 지속합니다. 완벽한 균형이라기보다는 이쪽으로 가기도 하고 저쪽으로 가기도 하며 균형 잡는 힘을 연마하는 과정입니다. "미래를 잊으면 현재를 잃는다"[34]는 말은 미래가 현재의 방향타일 수 있음을 의미합니다. '꿈'이란 말은 거창하게 들립니다. 여성도, 남성도, 노년기인 분들도, 20대 청년에게도 꿈은 어려운 주제입니다. 사람은 현재를 살아가는 존재이고, 미래는 아직 가보지 않은 불확실한 세계이기 때문입니다. 게다가 우리는 변화의 속도가 빠르고 예측하기 어려운 변동성(Volatility), 불확실성(Uncertainty), 복잡성(Complexity), 모호성(Ambiguity)의 시대를 살고 있습니다.

이런 시대에 우리가 가고 싶은 미래를 상상하는 일은 나의 정체성과 가치를 좌표 삼아 방향을 잡아가는 과정입니다. 나를 구성하는 정체성은 한 가지가 아닙니다. 엄마/아빠, 아내/남편, 딸/아들, 며느리/사위, 언니/오빠/누나/형/동생 같은 가족 내 정체성뿐 아니라 주부, 친구, 선배, 후배, 회사원, 자영업자, 학생, 프리랜서, 교육생, 강사 등 사회적 정체성도 있습니다. 인생 주기에 따라 어떤 정체성은 사라지고 어떤 정체성은 새롭게 추가됩니다. 직업(job)은 정체성의 전부가 아니라 여러 정체성 중 하나입니다. 중요한 건 지향하는 정체성과 현재의 정체성 사이에서 균형 잡으며 간극을 좁히는 일입니다. 고착되지 않고 나아갈 때 자신에 대한 앎도 깊어집니다.

> 떠나는 순간에 정한 목표 자체는 그 목표에 도달하기까지의 여정에 비한다면 별로 중요한 게 아니라는 걸 명심해.
>
> _마르크 로제, 『그레구아르와 책방 할아버지』

우리에게 미래는 현재의 방향이지만 걷는 과정의 경험이 더 중요합니다. 현재는 미래를 위해 존재하는 것이 아니라 그 자체로 소중합니다. 삶은 여정이므로 방향 수정은 자연스럽습니다. 목표는 고정불변이 아니므로 새롭게 좌표를 설정하면 됩니다. 목표를 위해 현재의 삶이 소진된다면, 목표가 바뀌었다고 자책하거나 비난한다면, 그 또한 우리가 바라던 삶은 아닙니다.

"생각하는 대로 살지 않으면, 사는 대로 생각하게 된다"는 격언이 있습니다. 삶의 방향을 생각하며 정진하라는 뜻인데, '사는 대로 생각하는 것은 잘못된 것인가?'라는 의문이 생깁니다. 삶의 여정에서 발생하는 변화나 돌발 변수는 필연적입니다. 우리는 완벽하지 않아서 예측하지 못한 위기 상황을 만날 수밖에 없습니다. 혼자 사는 게 아니어서 관계 속에서 갈등하기 마련입니다. 상황 변수와 관계 변수가 생길 때 방향성을 고려하여 지도를 수정하면서 걸어갑니다. 생각하는 대로 살려고 하되 현실이 생각과 달라질 때 사는 대로 생각하고, 다시 생각하는 대로 살아가면 됩니다. 〈삶의 균형〉에서 그리는 미래는 스케치이지 세밀화가 아닙니다. 여정을 가면서 나의 지도를 구체화시키기 위해 미래를 스케치합니다.

4부에서는 나를 탐험하기 위한 한 달간의 셀프 미션을 소개합니다. 매일 자기탐색 질문을 받고, 그 질문에 대해 생각하고 느끼고 기록하며 하루를 보냅니다. 셀프 미션을 시작할 때는 "남의 마음을 읽으라는 것도 아닌데, 제 마음과 생각을 살펴서 열 가지씩 써내려가는 것이 어려웠어요"[35]라고 말하지만, 한 달 동안 자신에게 집중하면서 스스로를 이해하는 힘을 가지게 됩니다. 나의 삶과 타인의 삶이 만나는 과정에서 '나만 그런 게 아니구나'라는 위로를 얻습니다. 다른 사람들과 교감하며 내가 지나온 과거를 만나기도 하고 내가 도달할 미래를 먼저 경험하기도 합니다. 공감의 과정에서 자신을 만나고 자아가 확장됨을 느낄 것입니다.

4부

셀프 미션

- 커밍비 워크숍 멤버들의 허락을 받아 셀프 미션 사례를 〈자기돌봄 연습〉으로 수록하였습니다. 독자들의 자기탐색 여정에 가로등이 되길 바랍니다.

- 〈Self Mission 5. 장점 찾기〉, 〈Self Mission 13. 나에게 도전이 되는 사람〉, 〈Self Mission 20. 비전 보드〉의 사례는 수록하지 않았습니다. 세 가지 미션은 타인의 사례를 참고하기보다 온전히 자신에게 집중하여 자기만의 방식으로 만들어보시길 바랍니다.

1 ___ 나의 발견

Self Mission 1. 내가 좋아하는 것들

---

① 내가 좋아하는 일 20개를 적어보세요. 언제 이것을 마지막으로 해 봤나요?

② 하루 중 가장 좋아하는 시간대는 언제인가요? 이 시간을 좋아하는 이유는 무엇인가요?

첫 번째 셀프 미션으로 '내가 좋아하는 것들'을 탐색합니다. 좋아하는 것과 싫어하는 것의 목록은 '나'란 사람의 특성을 나타냅니다. 어른이 되면서 호불호(好不好)를 드러내지 않거나 그 경계를 의도적으로 흐리기도 하지만, 살아온 역사를 통해 나의 호불호에 대한 데이터는 이미 있습니다.

'내가 좋아하는 것'을 기록하면서 내가 무엇을 좋아하는 사람인지 알 수 있습니다. 선호의 목록을 한두 개도 아니고 스무 개씩이나 만드는 것은 내 삶을 찬찬히 들여다보기 위함입니다. "사람들은 곤이가 도대체 어떤 앤지 모르겠다고 했지만" "아무도 곤이를 들여다보려고 하지 않았을 뿐이다"라고 『아몬드』의 윤재는 말합니다. 누군가를 알기 위해서는 들여다봐야 하고, 들여다보려면 먼저 관심을 가져야 합니다.

자신을 이해하는 과정도 동일합니다. 나에게 관심을 돌려 자세히 보아야 '나'라는 사람을 알 수 있습니다. 좋아하는 행동, 물건, 음식, 색깔, 가치 등 선호하는 모든 것에는 나만의 이유가 있습니다. 그 순간, 느낌, 감각, 이 모든 것들이 '나'의 세계를 구성합니다. 나의 세계를 확인하면서 내 삶에 특별한 가치가 부여되고 깊이가 더해집니다. 내 삶이 밋밋한 평면이 아니라 생명력으로 가득 찬 입체임을 깨닫습니다.

내가 좋아하는 것의 목록과 그것을 언제 했는지 적으면서 "좋아하는 것들을 생각하는 것만으로도 기분이 좋아진다", "내가 좋아하는 게 이렇게 많은 사람이었구나"라고 말합니다. 구체적으로 관찰하면서 긍정 정서가 올라와 활력이 생깁니다. 생각했던 것보다 좋아하는 일을 많이 하고 있음을 알게 될 때 내가 괜찮게 살고 있었음을 발견하며 예상치 못한 만족감이 올라옵니다.

 과거에 좋아했던 일을 요즘 거의 못 하고 있을 때는 아쉬움이 큽니다. 지금 못 하는 것이 있다면 삶의 우선순위가 바뀌고 환경이 변해서입니다. 생애주기에 따라 변화하는 내 삶을 인식합니다. 지금도 여전히 그것을 하고 싶다면 포기하지 않으면 됩니다. 정말 그것을 간절히 원한다면, 망각에 나를 내어주지 말고 시간이 걸리더라도 시도하기로 마음먹으면 됩니다. 지금 할 수 있는 것부터, 작은 것부터 도전해봅니다. '안될 거야'라고 단정해버린 일들을 돌아보면 그 판단이 옳았던 적도 있지만, '되게 하기 위해' 들여야 할 노력과 수고, 끈기의 시간이 두려워서 포기했던 일도 많았음을 깨닫습니다. 내가 좋아하는 것의 목록화는 포기해도 되는 것과 포기하고 싶지 않은 것을 구분하는 시간이기도 합니다.

 어른이 될수록 좋아하는 것만 하고 살 수 없다는 말을 많이 듣습니다. 그건 너무 이기적이라고 합니다. 아이를 낳은 엄마들이 자기가 좋아하는 일을 하고 싶어질 때, '나는 이기적인 엄마인가?'라는 고민에 빠집니다. 타인을 배려하지 않고 자기 좋은 일만 한다면 이기적이지만, 타인'만' 배려하다가 자신을 상실한 삶은 괜찮은가요?

 "행복한 삶이란 가슴에 관심 있는 것 하나쯤 담고 사는 삶이다"라고 『굿라이프』에서 최인철은 말합니다. '관심(關心)'이란 마음이 끌려 주의를 기울임을 뜻합니다. 마음 가는 일을 가슴에 품기만 하지 않고 사소하더라도 하는 게 중요합니다. 마음이 닿는 일을 해야 내면의 힘이 생기기 때문입니다. 좋아하는 것이 뭔지도 모르고 안다고 해도 전혀 하지 못하는 삶은 무기력해져 자신을 갉아먹습니다. 체념의 기운은 내색하지 않아도 흘러 나와 주변 사람들의 에너지도 허뭅니다. 원하는 일만 하며 살 수 없음을 우리는 이미 알고 있습니다. 좋아하진 않지만 해야 하는 일을 하다가 없던 역량도 생기고 예기치 않은 행운을 만난 적도 있습니다.

그러나 내 삶을 구성하는 수많은 조각 중에서 나다움을 느끼는 무언가를 꾸준히 하는 행위는 나라는 세계가 조화롭게 질서 잡는 데 중요합니다. 상황이 여의치 않아도 좋아하는 것을 조금이라도 실행하면서 소박한 기쁨을 느낄 때 생동감 있는 삶이 됩니다.

두 번째 질문, '하루 중 가장 좋아하는 시간대'를 생각해보는 것은 반복되는 일상에서도 반짝이는 나의 시간을 찾기 위함입니다. 쳇바퀴 도는 일상이라 해도 그 일상이 우리를 안전하게 합니다. 예측 가능성이 있기에 우리는 오늘을 반성하고 내일을 계획할 수 있습니다. 하지만 안온한 일상이 지루하고 시들하게 느껴질 때 삶은 빛을 잃습니다.

'나의 소중한 시간'을 기억함으로써 지금 내가 서 있는 곳을 좀 더 가치 있는 자리로 만듭니다. 노동과 피로, 산만함과 번잡함 속에도 온기와 희망의 시간은 존재합니다. 우리의 하루는 쪽방 창문만큼 작고 답답할 수 있지만, 창문 바깥의 하늘만큼 크고 다채로울 수 있습니다. 내가 좋아하는 것들을 찾는 작업이 '나'란 사람을 두텁게 만들듯이, 빛나는 순간을 찾음으로써 하루를 다르게 인식할 수 있습니다.

자기돌봄 연습

- ☐ 책 읽기 (오늘)
- ☐ 음악 듣기 (오늘)
- ☐ 운동 (이틀 전)
- ☐ 산책하기 (이틀 전)
- ☐ 자연 관찰하기 (오늘)
- ☐ 창조적 글쓰기 (20년 5월)
- ☐ 악기 연주 (19년 하반기)
- ☐ 목적 없이 걷고 사색하기 (5년 전)
- ☐ 라이브 공연 보기 (17년 5월 콜드플레이)
- ☐ 미술관 or 박물관 가기 (19년 5월)
- ☐ 서점 구경가기 (20년 5월 30일)
- ☐ 도서관 가기 (20년 1월)
- ☐ 문구 구경하기 (20년 6월 7일)
- ☐ 헌책방 (알라딘 X, 오래된 헌책방) 구경하기 (6년 전)
- ☐ 집 예쁘게 꾸미기 (20년 3월)
- ☐ 친구 초대해서 즐거운 시간 갖기 (20년 8월)
- ☐ 재즈바 가기 (5년 전)
- ☐ 걷고 또 걷기, 다리가 아플 때까지 with 좋아하는 사람 (3년 전)
- ☐ 내가 좋아하는 것에 대해 이야기하기 (일주일 전)
- ☐ 좋아하는 사람들과 좋아하는 음악 듣기 (3주 전)

_7기, 공민경

Self Mission 2. **나의 즐거움**

① 셀프 미션 1에서 좋아하는 일로 적은 것 중에서 한 가지를 실행해
  보세요.
② '내가 좋아하는 것' 말고도 나를 즐겁게 하는 것을 생각나는 대로
  적어보세요.

우리의 삶에서 행복과 불행은 늘 균형이 맞지 않는다. 유쾌한
일이 하나면 답답한 일이 아홉이고, 승리가 하나면 패배가 아
홉이다. 그래서 유쾌한 승리에만 눈을 돌리자는 이야기는 더
욱 아니다. 어떤 승리도 패배의 순간과 연결되어 있는 것도 사
실이고, 그 역도 사실이다.

_황현산, 『밤이 선생이다』

내가 무엇을 하면 즐거운지 아는 것은 자신의 정체성을 인식하는
데 도움이 됩니다. 억지로 해서는 그다지 즐겁지 않습니다. 진정한
즐거움은 마음으로부터 자연스럽게 터져 나옵니다. 입꼬리가 올라
가고 미소를 짓는, 힘주었던 눈과 입의 긴장이 풀리는 순간입니다.
이런 순간은 의식하지 않아도 몸이 느낍니다. 푹 자고 일어나서 몸
이 개운할 때, 눈코 뜰 새 없이 바쁜 하루를 보내다 잠깐의 꿀맛 같은
휴식을 취할 때, 관계 속에서 사랑과 존중을 느낄 때, 일에 보람이 있

을 때. 인간의 보편적 욕구가 충족되면 누구나 즐거워합니다. 욕구의 성격은 동일하지만, 즐거움의 맥락은 사람마다 다릅니다. 개인의 경험, 성격, 기억에 따라 저마다의 의미를 가집니다. 어디에서 즐거움을 느끼는지가 어떤 사람인지를 말해줍니다.

'나의 즐거움' 미션에서 뭐가 즐거운지 잘 모르겠다고 하는 분들이 있습니다. 즐거운 것보다는 '해야 할(must) 일' 중심으로 살아왔기 때문입니다. 살아야 하고, 일상의 과제들을 수행해야 하고, 책임을 져야 하고, 타인을 돌보아야 합니다. 즐거운지 아닌지 생각할 겨를도 없이 시급한 현안을 해결하며 최선을 다해 살아왔습니다. 사느라 애쓰다가 마음이 둔해져서 느끼지 못할 뿐입니다.

'나의 즐거움' 찾기는 내 삶의 속살을 지금부터 살뜰히 들여다보는 일입니다. 행복과 불행의 균형이 맞지 않고 속 터지는 일이 유쾌한 일보다 많다는 황현산 선생의 문장은 행간에 의미가 숨어 있습니다. 행과 불행, 승리와 패배, 기쁨과 슬픔이 동행하는 삶에서 양립하는 것처럼 보이는 두 가지는 실제로는 융합하여 존재합니다.

갓난아기를 돌보느라 밥도 제때 못 먹고 화장실도 마음대로 못 가는 상황이지만 아기를 안았을 때 느껴지는 보드라운 살의 감촉과 냄새, 반짝이는 눈과 순결한 웃음. 실패하여 절망하지만 결과가 나올 때까지의 과정에서 느꼈던 흥분과 설렘, 희망과 열망. 지친 하루를 보내고 집에 돌아가 다시 밥하고 설거지를 하는 이중 노동 속에서도 아이가 주는 위로, 아이와 스르르 잠드는 꿀잠. 슬픔과 좌절과 고단함의 시간에 그 언저리를 찬찬히 살펴보면 작은 기쁨과 행복이 꿈틀거립니다.

책임과 의무를 다하는 와중에도 구체적인 순간을 응시하면 소소한 즐거움이 있습니다. 나와 주변을 관찰하는 자기 민감성 연습을 통해 무덤덤한 상태에서 구체성의 감각을 회복합니다. 일상을 다르게 보는 예리한 감각을 갖습니다. 의무와 구속, 필요로 꽉 짜인 체계에서 감성의 틈을 살짝 벌립니다.

우리는 강한 자극에 익숙해져 있습니다. 슬픔, 좌절, 분노와 같은 감정은 강한 에너지입니다. 강렬해서 분명하고 중독되기 쉽습니다. 게다가 디지털 매체에 상시 노출되어 자극 과잉 상태입니다. 사소한 즐거움은 강도가 약해서 하찮게 느껴집니다. 하지만 당연하다고 생각해서 주목하지 못한 일들에 작은 즐거움이 숨겨져 있습니다. 마음을 쏟는다면 삶을 윤택하게 해주는 요소를 일상에서 찾을 수 있습니다. 그래서 즐거움은 **정서적 자원**입니다.

'인생 한 방이야'란 말도 있지만, 우리는 그 '한 방'이 무수한 시도를 통해서만 가능함을 알고 있습니다. 무수한 시도를 감당하려면 꾸준히 가야 하고, 꾸준히 가려면 스스로 힘을 낼 수 있어야 합니다. 외부의 공급 없이도 에너지를 생산하는 자가발전 장치와 비슷합니다. 즐거움을 찾아내는 능력, 자신에게 정성을 다하는 노력이 꾸준히 가는 에너지를 만듭니다. 마음을 부지런하게 한다면, 손바닥만 한 즐거움을 찾을 수 있습니다.

효율성의 미학을 추구할 것인가, 진정성의 미학을 추구할 것인가. 효율성은 투입 대비 산출을 극대화하여 높은 성과를 창출하는 것으로, 자본주의 사회를 살아가는 우리가 바라는 바입니다. 내가 노력한 만큼 혹은 그 이상의 성과를 내고 싶은 것이 인지상정입니다. 하지만 노력한 만큼 결과가 나온 적도 있지만 그렇지 않았던 적도 많았습니다. 그나마 학생 때는 성적이라는 결과를 내는 데 변수가 적은 편입니다. 어른이 된 이후에는 노력 외에도 수많은 변수가 작용합니다.

그 정점에 있는 일 중 하나가 양육입니다. 내 노력과 결과가 비례하지 않을 수 있음을 깨닫습니다. 항상 안 된다는 뜻이 아니라 예상치 못한 결과가 나오기도 한다는 말입니다. 나만 잘해서 되는 일도 아닙니다. 배우자, 가족, 어린이집, 학교 등 이해관계자가 다양하고 사회적 환경도 작용합니다. 자기 생의 주체로서 아이는 부모의 의지와 다르게 행동할 수 있고, 두 주체의 차이가 얼마나 크냐에 따라 변수가 생깁니다. 이때가 진정성의 미학이 더 중요해지는 시점입니다. 부모가 되고서 내 뜻대로 되지 않는 일이 있음을, 내가 노력해도 잘 안 되는 일이 있음을 처음 알았다고 합니다. 비로소 겸손해지는 시절입니다. 지금 당장 원하는 결과가 나오지 않더라도 진심을 담아 그 일을 계속합니다. 내가 마음을 다해 사랑하는 사람이 있고, 그가 사랑이 있는 사람으로 성장하기를 바라기 때문입니다. 그래서 육아는 효율성이 아니라 진정성의 미학에 기반합니다.

진정성의 미학은 부모 되기에만 해당하지 않습니다. 어른으로 살면 살수록 우리는 효율성을 추구합니다. 그러나 효율성만으로 되지 않는 일, 투입 대비 산출을 명료화할 수 없는 영역은 무엇인가요? 인간관계, 가족, 미래를 준비하는 일, 가치의 영역 등 셀 수 없이 많습니다. 오직 현재를 살아가는 우리들에게 미래는 가보지 않은 길입니다. 과정 속의 소소한 성과는 있지만, 미래를 완벽하게 예측하긴 어렵습니다. 원하는 미래에 다다르기 위해서는 진정성의 미학이 효율성의 미학보다 앞섭니다. 미래는 시간을 길어 올리는 일이고 진심을 담아 걷는 길입니다. 여기서 '즐거움'의 자원이 필요합니다. 결과가 언제 나오나 하며 조급해할 때 즐거움을 찾기는 어렵습니다. 진정성을 갖고 꾸준히 걷는 여정에서 즐거움을 도시락처럼 까먹으며 갑니다. 미래를 결과가 아니라 과정으로 인식할 때, 현재의 깊이가 더해집니다. 견고히 바닥을 다지며 현재를 살아갑니다.

행복한 사람은 작은 것도 크게 보지만, 행복감이 낮은 사람은 큰 것만 크게 본다고 합니다. 작은 것을 귀하게 여기는 마음이 행복입니다. 즐거움은 크기가 아니라 빈도입니다. 작은 즐거움을 일상의 곳곳에 배치해놓고, 에너지가 떨어질 때마다 알밤 까먹듯 쏙쏙 까먹습니다. "엄마 힘내요, 할 수 있어요"라고 말하는 꼬마, 살찔까 봐 걱정되지만 늦은 밤 즐기는 야식의 기쁨, 밤에 혼자 조용히 샤워하는 시간, 봄날 집 주변 꽃구경 등. 내 시간과 공간을 정성스레 관찰하여 손톱만큼의 즐거움을 찾는 일입니다. 마음을 부지런히 하여 작은 것을 찾고, 빈번하게 행하여 현재를 두텁게 만들고, 그리하여 삶을 깊게, 다르게 만듭니다.

자기돌봄 연습

- ☐ 친구들이 보내주는 감동적이고 재미난 영상들, 안부 말들
- ☐ 손자의 재미난 동영상들 (특히 춤)
- ☐ 남편이 작은 칭찬이나 격려의 말을 나에게 할 때
- ☐ 마음을 울리는 음악이 들렸을 때
- ☐ 아름답고 우아하게 나 자신을 꾸미고 나를 바라보는 일

_6기, 오정순

- ☐ 노래 : 노래방 마이크로 내가 가수인 양 노래 따라부르기
- ☐ 아이의 잠든 모습 : 제일 마음이 평온해진다.
- ☐ 밤늦게 야식먹기 : 배가 나오는 게 두렵지만, 그 순간만큼은 행복하고 달콤하다.
- ☐ 밤에 혼자 조용히 샤워하기
- ☐ 출근해서 커피 한잔 마시기
- ☐ 친한 동료들과 점심 식사 후 가볍게 산책
- ☐ 스도쿠하기
- ☐ 일요일 저녁 〈구해줘 홈즈〉를 보면서 나만의 집 꾸미기 상상하기
- ☐ 주말 아침 일어나서 커피 내릴 때 커피향 음미하기
- ☐ 유치원 하원할 때 나를 보고 '엄마' 크게 외치면서 달려오는 아이의 모습
- ☐ 엄마 아빠 방해하지 않고 아이가 혼자 잘 놀 때
- ☐ 모델하우스 구경 or 방 구조 도면 보면서 나만의 가구 배치 해보기 (어릴 때부터 좋아함)
- ☐ 키보드 소리에 약간의 쾌감을 느낌

_7기, 바다

Self Mission 3. 내가 하고 싶은 것

① 나에게 충분한 시간이 있다면 무엇을 하고 싶으세요? 10개를 적
   어보세요.
② 무엇을 걱정하고 있나요? 걱정하는 이유를 구체적으로 씨보세요.

희망은 장차 무슨 일이 일어날지 모른다는 전제, 불확실성
의 광막함 속에 행동할 공간이 펼쳐진다는 전제 위에 자리 잡
는다. (…) 희망은 우리가 하는 일이 (언제 어떻게, 누구와 무엇
에 영향을 미칠지는 미리 알 수 없다 해도) 중요하다는 믿음이다.

_리베카 솔닛, 『어둠 속의 희망』

'하고 싶은 것'은 주체가 스스로 원해서 하는 능동적 행위입니다.
누구나 자신의 동기를 갖고 행동할 때 타인이 시켜서 할 때보다 적극
적으로 움직입니다. 자율성은 인간의 기본적인 욕구이기도 합니다.
하지만 '하고 싶은 것'을 다할 수 있는 자유를 갖기란 쉽지 않습니다.
'무엇으로부터의 자유인가'라는 문제뿐 아니라 관계 속에서 사는 우
리에게 완전한 자유는 불가능에 가깝습니다. 우리는 자유가 줄어든
다 해도 기꺼이 협력과 배려, 도움과 의존을 선택합니다. 그럼에도
불구하고 내가 하고 싶은 것들을 기록하는 작업은 내가 무엇을 원하
는 사람인지, 현재 내가 충족하고 싶은 욕구는 무엇인지 존재의 상

태를 알려줍니다.

아이들이 어려서 매일 할 일이 수백 가지인 엄마는 아무것도 안 하고 싶습니다. 간절하게 혼자만의 시간을 원합니다. 그에게는 지금 휴식과 자기돌봄이 필요합니다. 중고등학교 시절에 시켜서 하는 공부 말고 이제는 내가 원하는 공부를 하고 싶은 분들도 있습니다. 지식을 습득하는 것이든, 손으로 만드는 것이든, 몸으로 하는 것이든, 자신 안에 있는 배움의 욕구를 발견합니다. 낯선 곳을 여행하며 새로운 것을 탐색하고 경험하고 싶은 욕구도 있습니다.

'하고 싶은 것'의 목록화는 현실적 여건으로 인해 못 하고 있는, 마음에 품고 있던 바람을 끄집어내는 시간입니다. '현실적 여건'은 책임과 의무를 다해야 하는 상황으로 부모, 배우자, 자녀, 직장인 등 역할 정체성에서 비롯됩니다. 태어날 때부터 주어진 것도 있고 내가 선택한 것도 있지만, 두 가지 모두 충실하려고 합니다. 내 삶에 큰 의미가 있어서 내 시간과 힘을 들이고 있습니다.

우리 안에는 역할 정체성 외에 '인간 ○○○'으로서의 자아도 존재합니다. 관계와 책임에서 벗어나 개별적 존재로서 하고 싶은 일이 있습니다. 책임과 의무에 우선순위를 두다가 숨어버린 내면의 자아를 찾아냅니다. 어른의 삶 혹은 부모의 삶은 나의 몸과 마음을 타인에게 내어주는 일이기도 합니다. 나의 시간 속에 가족의 시간이 공존합니다. 부모 됨은 자신의 시간을 가족과 나누어 쓰는 고밀도의 시간입니다. 누구나 하루 24시간이 있지만, 이 시간이 온전히 내 것은 아니어서 나를 위한 시간이 우선순위에서 밀릴 때가 많습니다.

'하고 싶은 것'을 기록하는 오늘의 셀프 미션은 나를 구성하는 다양한 정체성들 사이에서 균형 감각을 갖기 위함입니다. 역할 정체성에서 벗어나 순수하게 혼자 하고 싶든, 사랑하는 이들과 해보고 싶든, 어떤 바람이든 나다움을 구성하는 다양한 조각들의 세세한 모양을 그립니다. 하고 싶은 것을 하지 못하는 현실에 낙담해서 더 힘들 수도 있습니다. 그러나 지금 나의 자리를 인정하면서도 바라는 방향으로 한 걸음 내디딜 수 있습니다. 하거나 하지 못하거나 양자택일이 아니라 나의 바람을 잘게 쪼개어, 마음이 가는 곳으로 나아갈 수 있습니다.

현실을 인정하는 것이 포기가 아니라 희망이 되는 순간은, 미래의 가능성을 열어둘 때 시작됩니다. 두부 자르듯 미래를 단정하지 않고, 지금 당장 할 수 있는 것을 실행합니다. 리베카 솔닛이 말하듯 현실은 불확실하고 무슨 일이 일어날지 예측할 수 없지만, 우리가 할 수 있는 것을 행동할 때 희망이 시작되기 때문입니다.

하고 싶은 일의 목록은 '결과'로서의 목표보다는 '과정'으로서의 목표입니다. 결과의 측면만 보면 '되었다', '되지 않았다' 두 가지밖에 없지만, 실제로 삶은 이건 되지 않았지만 저건 되었고, 이건 되었지만 저건 되지 않은 경우가 더 많습니다. '되었다'의 이면에는 된 것과 되지 않은 것들이 허다합니다. 결과에 대한 이분법에서 벗어나 과정 중심으로 사고하면, 그것에 도달하기 위해 어떤 과정을 밟을지 보입니다. 되었다 되지 않았다가 아니라 되어감이라는 관점으로 접근하면, 미래로 향하는 현재의 시간을 어떻게 재구성할지 찾을 수 있습니다. 소소하더라도 자신이 원하는 것을 할 때 내면의 적극성이 발휘됩니다. 사소하더라도 주체적으로 행동할 때 생기가 부여됩니다. 그것을 행위하는 순간, 나의 바람은 먼 미래가 아니라 지금 여기에 존재하는 나의 것이 됩니다.

두 번째 질문은 '걱정하는 것'은 무엇인지입니다. 아이가 학교에 적응하지 못하면 어쩌나, 부모님의 건강이 회복되지 않으면 어쩌나, 내 일을 찾지 못하면 어쩌나 같은 현재의 일도 있고, 노후에 잘 살 수 있을까 같이 먼 미래의 일도 있습니다. 걱정의 목록에는 사랑하는 사람의 안녕이나 자신의 꿈, 존재감 같은 욕구가 등장합니다.

잘 살고 싶은 욕구로 인해 걱정이 돋아납니다. 미래는 불확실하므로 걱정하는 것은 자연스럽습니다. 걱정 혹은 불안은 어디로 가야 할지 가리키는 지표입니다. 무엇을 염려하는지 가시화하고, 염려를 줄이기 위해 무엇을 할지 준비합니다. 불안을 방향성의 표시로 활용한다면, 불안의 무한 루프에 빠지지 않을 수 있습니다. 불안이 우리에게 하는 말을 듣고 움직임으로써, 실행함으로써, 힘내며 걸어갑니다.

자기돌봄 연습

- ☐ 공부
- ☐ 엄마 옆에 있어 드리기
- ☐ 걷는 여행해보기 (순례자길)
- ☐ 집에서 혼자 누워서 TV 보기
- ☐ 원 없이 책 보기
- ☐ 숲에 가서 돗자리 깔고 원 없이 누워 있기

_2기, 김미진

- ☐ 지방에 있는 고등학교 친구들과 20대 때처럼 마음껏 얘기하고 밥 먹고 드라이브하고!
- ☐ 순례길을 가고 싶다.
- ☐ 제주도 한 달 살기
- ☐ 다시 본래의 직장에 또는 내가 생각하고 있는 직장에 다니고 싶다.
- ☐ 애데렐라 시간에 구애받지 않고 평일에 친구와 낮에 만나서 늦게까지 놀고 싶다.
- ☐ 저녁에 운동하는 것을 좋아하는데 아이가 못 나가게 한다. 내 마음대로 밤에 운동가고 싶다.
- ☐ 하고 싶은 공부 수업 시작 시간이 10시거나(아이가 9시 30분에 셔틀버스를 탄다) 집에서 한 시간 이상 걸리는 장소는 피한다.
- ☐ 친구들과 며칠간 여행가고 싶다.
- ☐ 그냥 뭐든 아이 등하원 시간에 구애받지 않고 편히 하고 싶다.

_2기, 룰루랄랑

Self Mission 4. 나의 소원

----

① '나의 소원은 _____이다.' 이 문장을 그대로 따라 쓰면서
   내 소원을 10개 이상 적어보세요.

② 내 소원과 연관된 이미지를 찾아서 저장하세요.

'나의 소원'이란 말에 '내 소원은 대한 독립이오'가 떠오를 수도 있
겠습니다. 식민지 시대에 살았던 김구 선생에게 조선 독립은 구체적
인 현실이었을 테지만, 지금 시점에선 너무 거창합니다. 워킹맘 시
절에 회사 일이 바쁠 때 "내가 나라를 구할 것도 아닌데 애도 못 보
면서 이게 뭐 하는 건가"라는 말을 하곤 했습니다. 나라를 구하는 것
같은 대단한 목표나 부귀영화를 원해서가 아니었습니다. 일에 대한
사랑과 아이에 대한 사랑, 두 가지의 양립을 고민했습니다. 내 삶과
동떨어진 추상적 소원이 아니라 구체적인 삶의 현실에서 일과 아이
의 공존을 원했습니다. 누구나 마음속에 간절한 바람 한두 가지를
품고 살아갑니다. 네 번째 셀프 미션 '나의 소원'은 소망하였으나 아
직 이루지 못하는 일을 생각하고 기록하는 시간입니다.

   소원의 목록을 통해 마음속에 떠오르는 것들, 오랫동안 품어왔던
것들을 자유롭게 풀어놓습니다. 마음껏 상상하기 위해 실현 가능성
은 생각하지 않습니다. 실현 가능성을 따지다 보면 꿈을 현실화하는
과정이 아니라 결과에 주목하게 됩니다. 결과를 생각하는 순간 현재

와의 거리감이 크게 느껴져서 '어쩔 수 없어', '내가 뭘 할 수 있겠어'라고 지레 포기하거나 입 밖으로 꺼냈다가 안 되면 어쩌나 두려워서 아예 입을 다물지 모릅니다. 실현 가능성 판단은 일이 되도록 만드는 데에 중요하지만, 꿈의 자원을 끌어모으는 시점에서는 평가지표로 작용해 우리의 상상력을 제한하므로 지금은 미뤄놓습니다.

부모들은 아이가 어렸을 때 다양한 체험을 하게 해주려고 노력합니다. 유년기의 경험이 삶의 배경지식이 되고 삶의 경계를 넓혀준다고 생각하기 때문입니다. 아이들은 그 체험을 흡수하며 꿈의 자원을 쌓아갑니다. 재미와 흥미를 느끼고 마음껏 상상하면서 가능성의 지평을 넓혀갑니다. 그들에겐 꿈의 실현 가능성이 아니라 자신에게 내재된 가능성의 자원을 즐기는 일이 더 중요합니다.

어른인 우리들은 아이들보다 삶의 배경지식을 많이 축적해왔고 삶의 경계도 명확합니다. 경험을 통해 쌓아온 데이터가 있어서입니다. 이 데이터는 굳은살과 같습니다. 발바닥의 굳은살은 내 몸무게를 지탱하며 평생 걷고 뛰며 살아온 흔적입니다. 손바닥의 굳은살은 그동안 내가 쓰고 들고 잡고 쥐고 자르고 치고 만졌던 그 모든 흔적을 품고 있습니다. 나를 살게 만든 시간들, 내가 견뎠던 시간들이 굳은살에 새겨져 있습니다. 소중한 흔적이지만, 견고하게 굳어져 '다른' 가능성을 상상하지 못하는 장벽이 될 때도 있습니다. 땅 위에서 두 발로 살아온 자가 땅 위에 발 딛지 않는 삶을 상상할 수 없는 것과 같습니다. 도전과 실패, 시도와 좌절이 나에게 중요한 의미를 남겼음에도 불구하고, 희망이나 꿈 같은 말이 부담스럽게 느껴집니다. 우리는 일상에 과몰입되어 살아가므로 소원이란 단어가 낯설기도 합니다. 익숙한 삶의 방식이 안전하지만, 그 삶에 함몰되어 있는 것 또한 사실입니다.

'나의 소원'을 불러내는 작업은 관성화된 시간에 틈을 만드는 일입니다. 현실에 매몰된 시간에서 내 소망을 파내는 일, 현재의 내 모습 너머엔 무엇이 있을지 보려고 빼꼼히 얼굴을 내미는 일입니다. 너머를 보려는 작은 시도를 하면서 자아의 경계가 넓어집니다. 나를 안전하게 지켜주는 삶의 경계도 소중하지만, 선의 바깥을 내다보고 한 뼘 넘어갈 때 자아가 확장됩니다. 나의 소원 셀프 미션은 내 삶의 경계 바깥을 봄으로써 안쪽의 삶을 새롭게 하기 위함입니다.

"마다가스카르를 여행하며 그곳의 동식물을 보는 것"이란 소원이 기억납니다. 다 커서 다 안다고 오만해져서 호기심을 잃어버리는 게 아니라, 죽을 때까지 완성되지 않는 존재로서 새로운 것을 알고 싶어 하는 태도입니다. 우리가 새로움을 발견하지 못할 때 일상은 안식처가 아니라 감옥이 될지 모릅니다. 호기심이 남아 있다면 반복되는 생활을 다르게 살 수 있습니다. 부모가 아이의 배경지식을 넓혀주려고 하듯이, 호기심을 가지고 새로운 배경지식을 만들어갈 때 삶이 윤택해집니다.

그래서 소원은 상상력입니다. 호기심의 자원을 갖고 내가 가고 싶은 미래를 상상합니다. '좋아하는 것', '즐거움', '하고 싶은 것'의 목록화는 '나의 소원'을 생각하기 위한 사전 작업이었습니다. 좋아하고 즐겁고 하고 싶은 것을 앎으로써 내가 어떤 사람인지 선명해집니다. '소원'은 나에 대한 앎을 기반으로 소망을 찾고 내 삶에 의미를 더하는 일입니다.

사람들의 소원 목록을 보며 '나'의 경계를 넘어서는 이야기가 있습니다. 마다가스카르와 아프리카부터 어떤 모습으로 늙고 죽어갈지까지. 소중한 사람들에 대한 소망에서 타인에 대한 기여와 봉사의 희망까지. 개인의 안녕만이 아니라 타인의 삶으로 경계를 확장합니다. 소원을 통해 삶의 의미를 찾고 가치를 더하려고 합니다.

'나의 소원'은 그것을 향해 나아가는 믿음입니다. 터무니없는 낙관과는 다릅니다. 소원을 완성된 결과가 아니라 이뤄가는 과정으로 봅니다. 오직 구체적인 행동으로, 노동과 같은 꾸준한 행위로 소망을 향해 나아갑니다. 시간은 선형적이어서 우리는 현재에서 미래로 가게 되어 있습니다. 어떻게 해도 미래에 도달합니다. 시간의 흐름 속에서 우리는 끊임없이 무언가를 할 터입니다. 가만히 있어도 몸은 움직입니다. '미래는 이미 당도해 있다'란 말은 현재 시점에서 하는 행동이 미래가 된다는 뜻으로 해석할 수 있습니다. 삶의 루틴에 따라 그냥 살 수도 있지만 소망을 되새기며 방향성을 갖고 갈 수도 있습니다.

일상의 고단함 속에서도 소원을 기억하며 하루하루를 사는 것이 자신을 방기(放棄)하지 않는 일입니다. 때로 소원과 현실의 괴리감을 느끼며 먹먹해집니다. 현실은 비루하고 미래는 보이지 않아서 의심이 올라옵니다. 그럴 때마다 내가 얼마나 왔는지 확인하고 이만큼 온 자신을 격려합니다. 믿음을 소환하여 마침내 거기에 도달하는 자신을 구체적으로 상상합니다. 내면의 빛을 간직한 소중한 존재로서 자신을 인식하며, 믿음을 갖고 '소원'을 향해 나아가기 위해 이 작업을 합니다.

□ 가족 모두 아프지 않고 건강을 유지하는 것

□ 아이가 원활하게 유치원, 학교 생활을 하는 것

□ 내가 편안하고 즐겁고 좋은 기분을 유지하는 것

□ 아이의 기쁨과 슬픔에 함께해주는 것

□ 나의 생활에 감사함을 잊지 않는 것

□ 나만의 오피스룸을 갖는 것

□ 나의 직업으로 돌아가서 사회 구성원으로서 기여하는 것

□ 좋아하는 공부를 좀 더 집중력 있게 하는 것

□ 허리 아프지 않기 위해 운동하는 것

_1기, 반짝

□ 나의 소원은 행복한 삶을 사는 것이다.

□ 나의 소원은 우리 가족 모두 건강하게 사는 것이다.

□ 나의 소원은 노인이 되어서도 내가 하고 싶은 일을 하며 사는 것이다.

□ 나의 소원은 두 아들 군대 갈 때 남편과 유럽 배낭여행 가는 것이다.

□ 나의 소원은 예쁘게 늙는 것이다.

□ 나의 소원은 나에게 딱 맞는 직업을 찾는 것이다.

□ 나의 소원은 책과 강연을 하는 것이다.

□ 나의 소원은 두 아들이 재능을 잘 발휘할 수 있는 일을 찾는 것이다.

□ 나의 소원은 '김정아'라는 사람을 통해 행복해지는 것이다.

_6기, 김정아

Self Mission 5. **나의 장점 찾기**

---

① '나'를 나타내는 특성을 매일 2개씩 기록하세요. 나를 탐색하여 한 달 동안 40개의 장점을 찾습니다.

'장점 찾기'는 '나' 하면 떠오르는 특성을 찾아보는 시간입니다. 성격뿐 아니라 소소한 행동까지 자신의 존재 자체를 드러내는 요소를 적습니다. 커밍비 워크숍에서는 셀프 미션 20일 동안 매일 자신의 장점 2개를 적어서 총 40개의 장점을 만드는 연습을 합니다. 한 10개 정도 쓰고 나면 뭘 할지 모르겠다는 분들이 많습니다. '장점'이라고 하면 대단한 무엇이어야 할 것 같은 압박감도 있고, 자라면서 부족한 면에 대한 지적을 더 많이 받았기 때문입니다.

장점은 거창한 무엇이 아니라, 나를 구성하는 사소한 조각들입니다. 우리의 시선은 나보다 타인을 향해 있어서 자신이 무엇을 잘하는지, 잘하고 싶어 하는지에 둔감한 편입니다. 나는 다른 누구보다 나 자신과 동거하여 평생을 살아갑니다. 내가 어떤 사람인지, 나를 어떻게 인식하는지에 따라 삶은 살 만한 것일 수도 그렇지 않을 수도 있습니다. 그래서 매일 장점을 축적하며 자신을 긍정적으로 보는 훈련을 합니다. '자기 민감성' 키우기입니다.

제 장점 50개 찾기를 할 때, '○○을 좋아한다'가 10개였고, '○○

을 노력한다'가 4개였습니다. 잘한다고 쓴 5개 중에서 3개는 '잘 잔다', '잘 먹는다', '아침에 잘 일어난다'로 일반적으로 장점으로 평가하지 않는 것들입니다. 다른 1개는 '계란말이, 계란찜, 김치찌개를 잘한다'였습니다. 요리 잘하시는 분들이 보면 코웃음 칠 능력입니다. 남들이 보기엔 하찮지만, 나를 설명해주는 요소가 분명했습니다. '○○을 좋아한다'는 행동이고 '○○을 노력한다'는 과정에 의미를 두는 것입니다. 결과를 중요시하는 사회에서 뚜렷한 성과가 없는 이런 특성이 장점이라고 보기 어렵습니다. 그러나 틀림없이 '박지연'이란 사람의 특징이었습니다.

장점인지 아닌지 가장 고민한 것은 '뭐든 시작하면 꾸준히 하는 편이다', '좌절해도 다시 일어나서 계속한다'였습니다. 저는 머리가 좋은 사람이 아니어서 남들과 비슷한 수준으로 하려면 더 많은 시간을 들여야 하는, 좀 느린 사람입니다. 스스로를 '곰 같다'고 생각했는데, 미련한 동물이란 이미지 때문에 항상 맘에 들지 않았습니다. 단군신화에 나오는 곰은 미련하다고도, 인내심이 있다고도 할 수 있습니다. 이 두 가지 면이 다 있었기에 곰은 100일 동안 마늘을 먹어서 사람이 되었습니다. 언니에게 '너는 참 소 같다'란 말도 들어본 적이 있습니다. 꾸준하다는 격려였을 텐데, 소도 곰과 마찬가지로 싫었습니다. 똑똑한 사람이었다면 그 일이 잘 안될 때 접고 다른 걸 선택할 텐데 하는 약간의 후회와, 스마트한 사람들에 대한 부러움도 있었습니다. '꾸준함'은 어떻게 보면 장점이고, 어떻게 보면 단점입니다. 둔하다고 보면 단점이지만 그 성격이 지금의 나를 있게 했다고 인정한다면 장점입니다.

　나의 특성을 장점으로 볼지 단점으로 볼지는 선택입니다. 제가 장점으로 썼던 여러 가지가 누군가에겐 별 볼 일 없고 상황에 따라 단점일 수 있습니다. '꾸준히 하는 편'이라는 박지연의 성격은 변함이 없습니다. 박지연이란 사람과 그를 구성하는 요소, 행동, 자질은 똑같습니다. 그의 존재는 동일하지만, 장점이냐 단점이냐는 기준에 따라 달라집니다. 많은 분이 장점과 단점을 헷갈리는 이유도 이와 같습니다. 그래서 장점 찾기는 어떤 프레임으로 볼지의 문제입니다. 나를 존재 자체로 괜찮은 사람으로 보기 위해 프레임을 전환합니다.

　한 사람 안에는 다양한 면이 존재합니다. 정육면체처럼 몇 개의 면으로 한정할 수 없는 다면체입니다. 셀 수 없이 많은 면들이 있으니 구(球)라는 표현이 더 적절하겠습니다. 장점을 40개씩이나 찾는 것은 나를 사려 깊게 응시하여 있는 그대로의 나를 수용하기 위함입니다. 단점일 수 있지만 장점으로 보기로 결정함으로써 나에 대한 시각을 긍정적으로 바꿉니다. '되고 싶은 나'와 '현재의 나' 사이에 간극이 있을 수 있습니다. '되고 싶은 나'가 되기 위한 노력은 중요하지만, 현재의 나를 부정하거나 과소평가하지 않습니다. 지금 이대로 괜찮다며 나를 존중해줘야 '변화'라는 운동을 감당할 에너지가 안에서부터 충전되기 때문입니다. 스스로를 가치 있는 존재로 여기는 것이 그런 사람이 되는 출발입니다.

2 ___ 나의 미래

Self Mission 6. 나의 시간 가시화하기

----

① 요즘 내가 가장 많은 시간을 들이는 것은 무엇인가요? 10가지를
   적어보세요. 내 시간을 돌아보면서 현재 내가 가장 많이 하고 있는
   것을 정리합니다.

2주차 셀프 미션 〈나의 미래〉를 '나의 시간 가시화하기'로 시작
합니다.

시간의 흐름은 눈에 보이지 않습니다. 우리는 자연의 변화를 보
면서 시간을 느낄 뿐입니다. 해가 뜨고 해가 지면 하루가 갑니다. 연
둣빛 잎이 돋는 나무를 보며 봄을 느끼고, 타오르는 태양과 땅의 열
기를 보며 여름을 느끼고, 청명한 파란 하늘을 보며 가을을 느끼고,
낙엽을 보며 겨울이 오고 있음을 느낍니다.

모든 사람이 국가가 정한 시간에 따라 살도록 한 것은 산업혁명
이후입니다. 그리니치 시간에 맞춘 시간표를 정해서 공장, 학교, 병
원, 정부기관 등을 운영했고, 기차 등 대중교통 또한 정확한 시간표
에 따라 운행하였습니다. 1880년 영국에서 시작된 변화는 세계적 시
간표 네트워크로 확산되었고, 21세기를 살아가는 우리 또한 국제적

표준 시간을 따릅니다.[36] 하루 24시간 동안 수십 번 시계를 보면서 분(分)까지 맞추려고 합니다. 태양의 주기가 아니라 시계가 정한 시간에 따라, 숫자로 구분된 시간을 살고 있습니다.

아이들이 숫자로 구분된 시간을 익히는 데는 오랜 시간이 걸립니다. 밤 9시 반에 자려면 9시부터 씻어야 하고, 아침 9시까지 어린이집에 가려면 8시 10분까지 아침을 먹어야 하고……. 아이들은 이런 시간표를 따르는 데 애를 먹습니다. 초등학교에 입학한 후에야 서서히 적응합니다. 나는 늘 지금 이 순간을 사는데, 오늘이 어제가 되고 내일이 오늘이 되는 것을 이해하기 어렵습니다. 시간은 상대적인 개념으로, 상대적 개념은 관계성에 대한 이해가 선행되어야 하는 고차원적 사고이기 때문입니다. 어제, 지난주, 내일, 다음 주같이 현재를 중심으로 과거와 미래를 구분하는 것, 한 주, 두 주, 한 달, 일 년 같은 시간의 간격을 인식하는 것은 반복적으로 시간을 경험하면서 습득됩니다.

시간은 주관적으로 경험됩니다. 무엇을 하며 보내느냐에 따라 어떤 시간은 영겁처럼 길고 어떤 시간은 빛의 속도로 빠르게 느껴집니다. 수많은 사람이 똑같은 시간 체계 속에서 살아갈 때의 편의성 때문에 시계와 달력으로 표준화했을 뿐, 시간 그 자체라고 볼 수 없습니다. 어른들도 처음엔 아이들과 비슷했을 텐데, 살아온 만큼 경험이 쌓여 균일한 시간 감각이 체화되었습니다.

학교에 들어가면 등하교 시간, 과목별 시간표, 1학기 2학기, 학년 등 모든 시간이 구획되어 있습니다. 중고등학교에 올라가면 시험과 성적이 중요해지고 중간과 기말시험으로 한 학년의 공부를 성적으로 측정합니다. 어떻게 성장했는지가 아니라 몇 점을 받았는지로 시간을 평가합니다. 회사에 들어가면 기간별 성과 목표를 세우고 이를 달성하기 위해 노력합니다. 분기, 연도 등 기간을 구분하여 시간을 평가하는 방식은 성인이 될수록 강화됩니다.

단기 성과 중심의 시간 감각이 깨지는 것은 부모가 되고 나서입니다. 아이 나이에 따라 연도별로 시간을 구분하는 것은 유사하지만, 표준화된 연령별 발달과제가 내 아이에게 똑같이 적용되지 않을 수 있습니다. 게다가 투입 대비 산출을 따지는 효율성 중심 시간관이 양육에는 맞지 않습니다. 부모 노력의 결과를 무엇으로 측정할지도 불명확합니다. 아이가 클수록, 자기 주관을 가질수록 부모 뜻대로 되지 않습니다. 아이의 의식주 해결과 정서적 자원으로서 부모의 역할이 유지될 뿐, 부모의 과제는 아이가 성장하면서 계속 변합니다. 아이가 성인이 되기까지 부모의 과제는 지속적으로 변화하므로 양육은 장기 프로젝트입니다.

아이가 성인이 된 후에도 어른 대 어른으로서 새로운 관계가 시작되므로 부모 되기는 평생 프로젝트입니다. 부모의 시간관이 중요한 과제별로 시간을 설정하는 마일스톤(milestone, 이정표) 중심으로 변해야 하는 이유입니다. 나와 타인이 상호작용하며 팀워크를 발휘하여 공통의 방향을 향해 나아가는 방식으로, 단기가 아닌 장기적 관점입니다. 부모냐 아니냐와 상관없이 성인기에서 중년기, 노년기로 넘어갈수록 삶의 이정표를 중심으로 한 시간관이 긴요해집니다.

이번 셀프 미션에서 자신이 주로 하는 활동을 적는 이유는 보이지 않는 시간을 가시화하기 위해서입니다. 시간은 끊임없이 흐르고 돌이킬 수 없으며, 시계를 보지 않고서 시간이 가는 것을 눈으로 확인할 길이 없습니다. 사춘기 청소년이라면 갑자기 큰 키, 체모, 몸매, 목소리 등 신체적 변화를 통해, 성인이라면 얼굴에 늘어난 주름, 피부, 배, 허리 등의 신체 부위의 변화를 통해 시간이 흘렀음을 느낄 뿐입니다. 다이어리를 쓰는 것은 시간별로 무엇을 했는지 기록하여 시간 속 나의 행위를 눈에 보이도록 하기 위함입니다.

시간을 채우는 행동을 정리함으로써 현재 시간이 어떻게 구성되는지 선명하게 드러납니다. 아이가 어려서 손이 많이 가는 육아 집중기를 지나고 있는 분들은 나를 위한 시간이 없다고 말합니다. 아이가 중요하지 않아서가 아니라 나도 그만큼 중요하므로 자신에게 시간을 들이고 싶어서입니다. 하루를 허무하게 보내고 싶지 않다는 말은 아이를 돌보는 시간 중 일부라도 자신의 성장을 위해 쓰고 싶다는 표현입니다. 우리는 모두 시간을 의미 있게 보내고 싶고, 그 의미는 아이뿐 아니라 자신에게도 절실합니다. 아이만큼 나를 사랑하고, 나를 소중히 대해주어야 아이에게도 그럴 수 있기 때문입니다.

우리가 시간을 어떻게 보내는지 살피는 것은 현재를 다그치기 위해서가 아니라 현재를 풍요롭게 하기 위해서입니다. 내 시간을 펼쳐놓았을 때 많은 시간을 차지하는 행동은 그 일이 중요해서입니다. 지금이 아니면 할 수 없는 일이라서 최선을 다하고 있습니다. 소중해서 열심히 하고 있음을 알아차리고, 그만큼 소중한 나만의 일을 하려면 어떻게 해야 할지 고민하는 게 이번 셀프 미션의 목적입니다.

건축에서 공간의 크기를 측정할 때 사용하는 체적의 개념을 적용하면 시간을 동기(動機, motive)의 관점에서 이해할 수 있습니다. 공간의 넓이는 평 또는 제곱미터(m²)로 측정하는데, 평면의 넓이만 잴 때 높이는 포함되지 않습니다. 넓이와 높이를 가진 입체적 공간의 크기를 '체적'이라고 부릅니다. 아파트 층고는 보통 2.5미터(m)입니다. 천장 높이 2.5미터인 30평대 아파트와 천장 높이 4미터인 20평대 아파트의 체적은 어떻게 다를까요? 면적만 본다면 30평대 아파트가 더 크지만, 체적으로 보면 20평대 아파트가 더 큽니다. 체적이 크다는 것은 주체가 그 공간에 미치는 영향력이 더 큼을 의미합니다.[37]

공간을 넓이가 아니라 체적으로 볼 때 사람의 영향력이 커지고 체험이 달라진다는 것은 시간의 의미에도 적용됩니다. 하루 24시간, 한 주 7일의 시간을 어떻게 사용하는가에는 주체의 의지가 담겨 있습니다. 몇 시간 동안 무엇을 하는지가 공간을 면적으로 보는 관점과 같다면, 시간에 들어가는 우리의 소망과 의지는 공간의 높이와 같습니다. 물리적 시간만이 아니라, 그 행위를 하는 동기를 시간 속에서 보자는 것입니다.

육아 집중기에 아이에게 편중된 시간은 아이가 건강하게 크길 원하는 욕구에 기인합니다. 양육에 할애되는 물리적 시간의 양은 사랑이라는 동기에서 비롯됩니다. 우리의 시간은 무엇을 하였는지 행위만 측정하는 평면적 시간이 아니라 마음을 포함하여 측정되는 입체적 시간입니다. 행위에 담긴 동기와 욕구를 볼 때 나를 사려 깊게 이해할 수 있습니다. 현재 시간에 담긴 내 마음을 본다면, 그 시간에 대한 나의 감정도 달라집니다. 지나간 시간을 돌이켜보면 실제로 일어난 일보다 그때의 감정이 더 생생합니다. 시간은 구체적으로 무슨 일이 일어났는지보다 감정으로 기억되기 때문입니다. 그래서 현재를 마음의 시간으로 바라볼 때 내 감정도, 그것을 대하는 나의 자세도 달라집니다. 시간에 포함된 내 마음을 본다면 어떤 하루도 헛되지 않습니다.

오늘 미션에서는 시간의 덩어리를 잘게 쪼개 행위를 구체적으로 기록하여 내 소망이 들어갈 틈을 찾습니다. 여러 갈래의 마음이 사이좋게 자리 잡을 수 있도록 시간을 나눕니다. 층고가 높을수록 창의적 사고를 한다는 연구처럼, 마음의 크기로 시간을 바라볼수록 전과는 다르게 시간을 사용할 수 있습니다.

자기돌봄 연습

☐ 아이들 케어하는 일

☐ 집안일

☐ 공동체 교육 듣기

☐ 공부

☐ 독서

☐ 엄마 병원 오시면 병원 가는 일

_2기, 김미진

☐ 육아 : 6개월 차 꼬맹이 먹이고 재우고 씻기고……

☐ 일 : class 4개 + 원격 교육 2개

☐ 큰아이 숙제 : 유치원 숙제 + 구몬 + 동화책 읽기 + 영어책 읽기

☐ 인터넷 쇼핑 : 왜 필요한 것은 매일매일 생기는 거지?

☐ 인터넷 서칭 & SNS 업로드 : 주로 아이랑 주말에 갈 곳을 찾고, 갔다 온
　곳을 정리함

_2기, 봄바다

☐ 독서지도사 공부 및 과제

☐ 끊이지 않는 독서와 독서에 관련된 모임

☐ 오후에 아이와 놀이터, 책 읽어주기

☐ 그림책 관련 블로그나 수업 찾아보고 정보 얻기

_2기, 줄루랄랑

Self Mission 7. 미래 여행

① 20년 후 내 모습을 상상해보세요. 20년 후의 오늘, 내가 어디서 무엇을 하고 있을지, 가족들은 얼마나 성장했을지 눈을 감고 이미지로 그려보세요. 떠오른 것들을 구체적으로 적어보세요.

② 20년 후의 내가 현재의 나에게 보내는 편지를 써보세요. 어떤 말을 해주고 싶으세요? 어떤 격려를 보내고 싶은가요?

꼬마들에게 '넌 꿈이 뭐야?', '커서 뭐가 되고 싶어?'란 질문을 종종 합니다. 오래전엔 대통령, 과학자가 단골이었는데, 요즘은 운동선수, 연예인, 콘텐츠 크리에이터가 인기입니다. 주로 직업(job)이 답이 됩니다. 무슨 일을 하는지가 그 사람의 정체성의 하나임엔 분명하지만, 삶은 직업만으로 설명될 수 없는, 더 많은 것들의 총합입니다. 질문을 바꿔서 어떤 사람이 되고 싶은지, 어떻게 살고 싶은지 물어본다면, 아이들도 자신의 미래에 대해 폭넓게 생각할 수 있을 것입니다.

일곱 번째 셀프 미션은 지금으로부터 20년 후 오늘을 상상하는 시간입니다. 현재 시점에서 미래 장면으로 건너뛰는 플래시 포워드(flash forward)라는 영화 편집 기법을 적용합니다. 등장인물이 현재 시점에서 과거를 회상하는 플래시 백(flash back)과 반대로, 플래시 포워드는 미래에 발생할 사건을 미리 보여줍니다. 영화에서 미래로 갔다가 현재로 돌아오는 것처럼, 시간의 필름을 앞으로 돌려 미래에 당도합니다. 내 미래의 모습을 구체적으로 상상함으로써 어디로 가고 싶은지 내다봅니다.

먼저 플래시 백 해보면, 20년 전의 내가 현재의 나를 상상할 수 있었을까요? 그때의 내가 상상했던 것과 전혀 다른 삶을 살고 있을 수도 있고, 그중 일부가 실현됐을 수도 있습니다. 어떤 것이든 나의 바람과 완전히 일치하지는 않을 터입니다. 소설이 주인공이 뭔가를 해나가는 추구의 플롯이듯, 우리는 생각하는 대로 살기 위해 노력하며 현재에 이르렀습니다.

과거는 개인의 역사입니다. 타인과 접촉하고 마음에 기억이 쌓이며 현재의 내가 만들어졌습니다. 이 기억들이 나의 정체성이고, 삶에 연속성을 부여합니다. 어떤 과거는 생각만 해도 고통스러워 외면하고 싶지만, 고통을 견디면서 삶에 깊이가 생겼습니다. 과거의 상처는 그때 내가 간절히 원했으나 얻지 못했던 것입니다. 과거에 일어난 일은 어찌할 수 없지만, 기억 속의 내가 하는 말을 들어줄 수는 있습니다. 나는 과거가 아니라 현재에 영향력을 발휘할 수 있으므로, 과거의 내가 받고 싶었던 것을 현재의 나에게 해줍니다. 과거에 상처받았던 나를 지금 위로해주고, 그토록 인정받고 싶었던 나를 귀하게 대해줍니다. 우리는 과거와의 단절이 아니라 과거를 위로할 수 있는 단단해진 현재를 원합니다. 플래시 백 하여 내 마음을 들여다봄으로써 현재의 나를 돌봐줍니다.

플래시 포워드 하여 미래로 가면 어떤가요? 상상 속 미래는 내가

'바라는 것들의 실상'입니다. 비극적 결말을 원하는 사람은 없습니다. 우리는 현재의 삶이 해피 엔딩으로 끝나기를 원합니다. 어떤 미래도 죽기 전까지 결과일 수 없겠지만, 오늘 내다본 20년 후의 미래가 지금의 노력에 대한 보답이길 소망합니다. 20년 후의 자신과 주변 인물들을 상상한 이미지에는 우리의 바람이 담겨 있습니다. 미래는 현재의 방향이자 그곳으로 가고 싶은 마음의 크기를 포함합니다. 물체가 운동하는 방향과 힘의 크기를 '벡터(vector)'라고 하는데, 우리가 상상하는 미래에는 마음의 방향과 크기가 담겨 있으므로 현재의 벡터라고 부를 수 있습니다.

현재의 벡터로서 미래를 상상할 때 두 가지 측면을 경계해야 합니다. 우리는 과거와 단절된 미래도, 불안과 두려움을 자극하는 미래도 원하지 않습니다.

우리가 바라는 미래는 과거와의 단절이 아니라 과거와 연속성을 가지며 변화하는 미래입니다. 재개발 공사가 시작되면 몇십 년 동안 그곳을 채웠던 건물과 사람의 흔적이 송두리째 사라집니다. 그 공간과 사람의 기억, 경험과 시간이 제거되고 완전히 새로운 것들이 갑자기 생겨납니다. 그러나 우리의 미래는 과거를 지우면서 만들어지지 않습니다. 영화 속 플래시 백과 플래시 포워드가 현재를 중심으로 연결되어 전체 영화의 스토리가 되듯이, 삶의 과거와 미래는 현재의 나를 중심으로 연결되어 통합됩니다. 나이를 먹는 만큼 시간의 심도(depth)가 생깁니다. 시간의 심도가 내 삶의 깊이인데, 이 깊이는 과거를 덮어버리는 것이 아니라 과거를 성찰하며 현재를 더 낫게 하려고 할 때 생깁니다. 지난 시간의 상처와 후회를 외면하지 않고 나의 일부로 받아들이며, 수고한 자신을 위로하며 현재에서 미래로 갑니다. 과거 시간이 현재에서 미래로 나아가는 토양이 될 때 시간의 두께가 내 삶의 깊이가 됩니다.

두 번째는 미래에 대한 두려움을 어떻게 소화할 것인지입니다. 미래학이 주목받는 이유는 미래는 경험해보지 않아서 늘 불확실하고, 사회의 변화 속도가 20세기 이전과는 비교할 수 없을 정도로 빠르기 때문입니다.

아이들이 살아갈 미래에 직업이 반 이상 바뀐다, 노후에 몇 억이 든다 같은 미래 예측 시나리오는 우리를 더 불안하게 합니다. 미래에 대한 걱정은 인류 문명 발달에 주효했지만, 미래를 대비하느라 인간의 현재는 더 고통스러워졌습니다. '지금부터 노후 준비하지 않으면 은퇴 이후 힘들어진다', '아이 공부 지금 시키지 않으면 나중에 따라잡기 힘들다' 같은 공포 마케팅을 흔히 접합니다. 불안을 자극하는 전략은 단기적으로는 우릴 긴장시켜 움직이게 하지만, 미래로 나아가는 장기 과제에는 적절치 않습니다. 불안이나 두려움 같은 정서는 에너지가 빠르게 고갈되기 때문입니다. 두려움에 기반하여 건설되는 미래는 그 문제가 해결된 후에 또 다른 두려움을 낳습니다.

'미래 여행' 셀프 미션은 현재 소망하는 것들이 미래가 되는 방향 잡기입니다. 우리가 상상하는 미래는 현재와 분리되어 있지 않습니다. 과거를 돌아보고 현재의 나를 존중하며, 지금 바라고 소망하는 것들이 실현된 미래입니다. 삶은 늘 현재시제이지만, 현재에 함몰돼버리면 마음도 작아집니다. 과거를 기억하고 미래를 상상할 때 환기가 되고 시야가 넓어집니다. 삶의 여정에서 만나는 갈등과 충격을 소화하는 힘도 생깁니다. 미래를 기억하며 살아갈 때 나의 시간은 손바닥만 한 현재보다 넓어집니다. 하루하루 살기도 버거워 미래가 보이지 않을 때가 있습니다. 그럴 땐 지금 이 순간의 나를 잘 돌보아줍니다. 미래를 생각하는 것은 현재에 부담을 주기 위해서가 아니라, 현재를 살아가는 마음의 영토를 조금 넓히기 위함입니다.

일상을 촘촘히 채우는 행위들과 지금 서 있는 자리를 넘어서는 작은 미래를 상상할 때 우리가 사는 시간의 지평이 확장됩니다. 나이 든 내 모습을 그려보고 오늘을 사는 것과 그렇지 않은 것은 다릅니다. 아이가 살아갈 미래 세상을 상상하며 오늘 아이를 돌보는 것과 그렇지 않은 것은 다릅니다. 마음 한 켠에 미래를 담아두고 오늘에 최선을 다할 때 현재는 더 풍성해집니다.

일제강점기 독립운동을 생각해보면, 독립에 대한 염원이 미래의 서사였는지 현재의 서사였는지 궁금해집니다. 1910년부터 1945년까지 36년이었으니 1919년 3·1운동과 1920년대 초중반까지는 조선의 독립을 희망할 수도 있겠다 싶습니다. 그러나 한일 합방 이후 강산도 변한다는 10년이 지난 후에도, 20년, 30년이 지난 후에도 독립운동을 지속할 수 있는 원동력은 무엇이었을까요? 1910년에 성인이었던 사람들은 식민지가 아닌 한국을 경험해봤지만, 식민지 시대에 태어난 이들은 일본 지배 이전의 삶을 알지 못했습니다. 태어나서부터 자라는 내내 식민 통치를 받았던 현실에서 무엇이 그들을 독립운동에 투신하게 했을까요? 그들에게 대한 독립은 현재와 상관없는 미래의 서사가 아니라 지금 여기의 문제를 해결하는 현재의 서사였을 것입니다. 생존을 위한 필수적 과제이자 인간으로서 존엄을 지키기 위한 실존의 문제였을 것입니다. 미래를 확신해서가 아니라 독립을 해야만 살 수 있었기에 계속 싸웠을 것입니다.

'미래 여행' 셀프 미션에서 상상하는 미래는 손이 닿을 수 없는 먼미래가 아닙니다. 지금 소망하는 것 중에서 두 손, 두 발로 실천할 일을 찾아서 하는, 한땀 한땀 지어가는 미래입니다. 우리는 뛰어난 재능을 피나는 노력으로 완성하는 영웅의 서사를 좋아하지만, 모든 영웅이 미래를 확신하진 않았습니다. 그들 또한 되고 싶은 나의 모습을 상상하며 그저 현재의 한 걸음을 걸어갔을 뿐입니다. 미래를 성급히 판단하지 않고, 미래를 믿고 싶은 마음을 포기하지 않으면서 시간을 견디며 나아가는 여정입니다.

두 번째 질문 '20년 후의 내가 현재의 나에게 보내는 편지'는 먼훗날의 내가 현재의 나에게 하고 싶은 말입니다. 이 편지를 읽어보면 우리는 이미 답을 알고 있습니다. 지금의 나를 존중하고, 최선을 다하고 있는 나를 격려하고, 현재의 소망을 실천하는 하루하루가 쌓여 미래에 도착합니다. 미래의 내가 해주는 말을 들으며 위로받고 힘을 냅니다. 미래는 현존하지 않으므로 상상할 수밖에 없습니다.

영화처럼 미래로 갑자기 점프할 수도 없고, 차근차근 현재를 살아갈 뿐입니다. **미래에 대한 상상력**은 그 수고스러운 여정에 자원이 될 것입니다. 믿고 싶은 마음이 믿음이고, 미래에 대한 내 마음을 지키려는 노력이 상상력의 자원을 채우고, 그 자원이 현재를 살게 합니다.

집과 가정의 울타리를 열심히 닦고 지키고 있는 너에게,

그것도 용기였다는 걸, 그리고 치열한 삶이었다는 걸. 이야기해주고 싶구나…….

이제 인생은 길다. 60세가 되어보니, 노인이라고 하기에 무색할 만큼 건강하고 새로운 도전 의식이 생기기도 한다.

네가 장기적인 전망을 갖고 꾸준히 준비한다면, 언젠가 그 결실이 꽃피울 때가 있을 거야. 뭐든 해보고, 집안일을 너무 완벽하게 하려고 하지 말고.

언젠가 아이는 성장해야 하고 독립해야 하는데, 스스로 경험하고 깨달을 때까지 기다려준 건 그 아이한테 큰 도움이 되었을 거야.

한 사람이, 나아가 하나의 가족이 정상적으로 잘 지내게 되기까지는 치유자(healer)가 필요한 것 같아.

30, 40대엔 젊은 혈기와 지혜가 부족해서 그런 역할을 해내기가 쉽지 않지. 그래도 넌 일찍 그걸 각성했었어. 그게 오히려 이후에 너를 자유롭게 해줬다고 생각해…….

우주에서, 이 지구에서, 이 집에서 너의 위치를 가다듬어 가는 게 결국 너와 나의 성장일 거야. 잊지 마.

_1기, 이경영

Self Mission 8. **나의 죽음**

----

① 나의 묘비명에 적고 싶은 문구를 써보세요.

② 내 장례식에 온 사람들에게 어떻게 기억되고 싶은가요?

> 우리는 우리 자신의 죽음이라는 진실을 대면하고 수용함으로
> 써 평화를 ―국가 간의 평화는 물론이고 우리 내면의 평화까
> 지도― 얻을 수 있을 것이다.
>
> _엘리자베스 퀴블러 로스, 「죽음과 죽어감」

죽음은 모든 살아 있는 자가 가야 할 길이지만 선택할 수 없습니다. 태어남이 선택이 아니었던 것처럼 죽음도 불가피합니다. 죽음에 대한 두려움은 인간이라면 누구나 느끼는 보편적 감정입니다. 자신의 죽음이건 사랑하는 사람의 죽음이건 나에게 일어나지 않길 바랍니다.

죽음은 내가 직접 경험할 수도 없고 죽은 사람의 이야기로 간접 경험할 수도 없는 불가해한 영역입니다. 죽음은 완벽한 단절입니다. 그와 함께했던 시간, 웃을 때 얼굴 근육의 움직임과 목소리, 그만의 냄새, 특유의 행동이나 말투를 이 세상에서 더 이상 볼 수 없습니다. 살아서 용서하고 살아서 화해할 기회도 사라집니다. 살아 있으면 만회할 수 있으나 죽으면 만회할 수 없으니 가능성의 종언입니다. 사

랑하는 사람을 잃고 살아남은 자가 겪는 고통은 그와의 미해결 과제를 이제는 어떻게 해볼 도리가 없어서입니다. 찬란하게 빛났던, 같이 있어서 든든했던 시간도 존재하지 않습니다.

'젊음을 예찬하고 나이 듦을 폄하하는'[38] 문화 속에서 나이 듦은 쇠퇴와 무력함을 뜻할뿐더러 죽음과 가까워지는 것이어서 무섭습니다. 젊음이 노력의 소산이 아니듯, 나이 듦도 피할 수 없이 온 것입니다.[39] 모든 살아 있는 존재에게 노화는 자연스러운 일인데, 이를 '늙어감'이라 부를 때 노화는 소멸의 과정으로 인식됩니다. 노년이 되어서도 내 몸을 스스로 지킬 정도로 건강하기를 소망하지만 그러지 못할까 걱정됩니다. 현대 의학의 발달로 인간의 수명은 몇십 년 더 연장되었고 사회는 '노령의 보편화' 현상을 겪고 있습니다. 연장된 삶의 내용을 무엇으로 채울지는 고령화 사회를 살아가는 젊은이도 늙은이도 고민할 화두입니다.

'나의 죽음' 셀프 미션은 잘 죽는 것(well dying)보다 잘 나이 들어감(well aging)에 대한 고민입니다. 죽음은 선택할 수 없으나 삶의 과정은 선택할 수 있으므로, 죽을 때까지 삶의 여정을 어떻게 일궈갈지 생각합니다. 삶의 끝에서 인생을 바라볼 때 자신을 더 잘 알게 되고 현재의 삶을 더 의미있게 살 수 있습니다. 나의 묘비명에 어떤 문구를 적고 싶은지, 죽었을 때 사람들이 나를 어떻게 기억하길 바라는지는 내가 죽은 후의 풍경을 상상하는 일입니다. 그때를 상상함으로써 죽음의 순간에 내가 원하는 모습으로 살아가리라 마음먹습니다. 언제 어떻게 떠날지 내가 미리 결정할 수 없겠으나 죽음은 삶의 자연스러운 결과입니다. 너무 많은 할 일을 남겨둔 죽음이 아니길 바라며 조금씩 준비하며 현재를 살아갑니다.

중년에 접어들면서 몸의 변화를 느낄 때 더 나이 들어 자율성을 갖고 독립적으로 살다가 죽지 못할까 봐 겁납니다. 아픈 무릎과 노안, 거울 속 내 모습은 낯설고 수긍하기 어렵습니다. 하지만 노화한 육체는 지금까지 살아온 내 삶의 증거이고, 죽을 때까지 동행할 내 존재입니다. 육체에 대한 교만함을 내려놓고 내 몸이 하는 말을 들으며 겸손해집니다. 몸을 이겨야 할 대상이 아니라 화해할 대상으로 인식합니다. 날카롭지 않지만 부드럽고, 예리하지 않지만 통합적으로 보는 힘을 나이 듦이 주었습니다. 무릎이 닳지 않도록 아끼는 법을, 정신이 고갈되지 않도록 마음을 아끼는 법을 배우고 있습니다.

사랑하는 이가 죽었을 때 그의 죽음을 가여워하고, 함께할 수 없음을 슬퍼하고, 사는 동안 수고했던 그가 이제 쉼을 얻었음을 축복합니다. 내 죽음 앞에서 사람들도 나에게 그러하길 바랍니다. 죽음을 나의 것으로 상상하고 대면할 때 중요한 것들이 보입니다. 죽어감을 삶의 과정으로서 인식할 때 내가 마음을 다해야 할 일들이 뚜렷해집니다. 내가 바라는 모습으로 죽기 위하여 현재에 충실해집니다. 죽음을 의식하며 산다면 본질에 집중할 수 있습니다. 삶의 끝에서 내가 바랐던 것을 전부 이루지 못했다 해도 스스로 최선을 다했다면 평화롭게 생을 마감할 것입니다.

자기돌봄 연습

[나의 묘비명]

"하루하루를 꾸박꾸박 살았기에 이제는 좀 편히 쉬련다."

DO NOT DISTURB

<모리와 함께 한 화요일>에서 모리 교수는 살아 있는 장례식을 한다. 나도 내 장례식에 오는 사람들과 인사를 나누고 싶어, 기회가 된다면 살아 있는 장례식을 하고 싶다. 슬프지 않고 기쁜 마음으로 서로 즐거운 인사를 나누었으면 좋겠고, 죽는 날까지도 나는 유쾌하고 따뜻한, 그리고 재미있는 사람이었으면 좋겠다. 그러기 위해서는 내가 할 일을 다했다고 생각하는 시기여야 할 것 같다. 아이들을 남겨놓고 죽는다면 차마 눈을 편히 못 감을 것 같기 때문이다. 즐거운 장례식을 마치고, 사람들이 역시 "봄바다답다"라고 이야기해주었으면 좋겠다.

_2기, 봄바다

[내 장례식에 온 사람들에게 기억되고 싶은 모습]

나는 많은 사람들에게 알려지진 않아도, 함께한 소수의 사람에게라도 정말 그립고 고마웠고 분이 되었던 자로, 손자와 증손자에게까지 정말 다정하고 재미있는 할머니로 기억되고 싶다. 평안했으며 주님이 함께하셨던 삶으로, 그립지만 함께 행복해하고 기쁨 가득한 장례식이 되길 바란다.
그래서 모두의 마음속에 그리움으로 감사함으로 잔잔히 남아 있는 삶이 되길 바라며, 매일의 삶에 다시 한번 나를 생각해보며 살자고 다짐해본다.

_6기, 오정순

Self Mission 9. 내 인생의 중요한 가치

① 내 삶에서 중요한 가치 5개를 뽑아보세요. 과거와 현재가 다르다 면, 각각 적어보고 어떤 차이가 있는지 살펴봅니다.

② 나에게 중요한 가치를 지키기 위해 내가 요즘 하고 있는 일, 구체적 인 행동을 적어보세요.

행복은 얻으려고 한다고 해서 얻어지는 것이 아니라 어떤 일 의 결과로서 나타나는 것이다. 사람이 행복하려면 '행복해야 할 이유'를 가지고 있어야 한다. (…) 인간은 행복을 찾는 존재 가 아니라 주어진 상황에 내재해 있는 잠재적인 의미를 실현 시킴으로써 행복할 이유를 찾는 존재라고 할 수 있다.

_빅터 프랭클, 『죽음의 수용소에서』

아홉 번째 셀프 미션 '내 인생의 중요한 가치'는 지금까지 살아오 면서 내가 중요하게 여겼던 가치들을 꼽아보는 시간입니다. 나의 진 심, 마음이 움직이는 방향, 의미를 두는 것이 나의 가치입니다.

'난 성실한 사람이야'라고 말할 때 열심히 삶을 일궈온 시간에 대 한 자부심이 있습니다. '난 사랑이 중요해'라고 말할 때 소중한 사람 들에게 사랑을 주는 자신이 있습니다. 그들로부터 힘을 받는 만큼 그 이상을 표현하기 위해 애씁니다. 이 사랑은 가족뿐 아니라 다른 관계로도 확장됩니다. '난 배움이 중요한 사람이야'라고 말할 때, 사소한 것도 배우려는 자세를 가지고, 새로운 걸 배우는 게 겁나도 시도하는 자신이 있습니다. 소중하게 여기는 가치가 '나다움'을 정의합니다. 나다움을 구성하는 가치들을 앎으로써 다층적 존재로 나를 이해하고 나를 지키는 힘을 키웁니다.

우리는 하는 일, 사회적 지위와 역할이 그 사람을 나타낸다고 생각하지만, 사회적 자리는 얼마든지 바뀔 수 있습니다. 회사나 조직이라는 우산이 사라졌을 때 느끼는 불안과 두려움은 직장이 내 존재를 대신할 수 없기 때문입니다. 무엇을 소중하게 생각하는지, 어떤 삶을 지향하는지, 어떤 것에 의미를 두는지가 자신이 누구인지 말해줍니다. 내가 누구인지 이해하면 삶의 자리가 바뀌거나 흔들릴 때도 내면의 가치를 기준으로 잡고 나아가면 됩니다. 우리가 좌절했던 때를 돌이켜보면, 도대체 그 일을 하는 이유를 모를 때, 의미를 찾을 수 없을 때였습니다.

우리가 삶에 부여하는 의미가 가치이고, 그 행위를 하는 내적 동기입니다. 나에게 소중한 가치를 인식하면, 힘든데도 그 일을 계속하는 이유를 알게 됩니다. 내가 무엇을 중요하게 여기는지 알 때 마음을 다해 그 일을 할 수 있습니다.

하지만 사회 속에서 성장한 우리가 소속된 집단의 규범과 다르게 사고할 수 있는지에 대해선 의문이 생깁니다. 국가, 지역, 성별(젠더), 세대(베이비붐 세대, X 세대, 밀레니얼/Z 세대 등), 가족, 직장, 학교, 결혼 여부, 자녀 유무 등 각각의 집단이 가지고 있는 문화와 가치 체계는 개인의 정체성에 강력한 영향을 미칩니다. 부모, 형제자매, 친구, 선생님, 상사, 동료 등 수많은 목소리가 내 몸과 마음에 심겨 있습니다. 삶의 전 기간에 스며들어 있어 '당연하다'고 여겨왔지만, 실제론 누군가가 만들고 유지해온 것입니다. 처음부터 있었던 것이 아니라 언젠가부터 제작되고 생산되었습니다.

'나에게 중요한 가치' 셀프 미션의 목적은 내면화된 사회적 규범과 가치로부터 나의 목소리를 분리하기 위해서입니다. 내 안을 채우고 있는 수많은 가치에 의식적으로 거리를 두면서 내가 유지하고 싶은 가치와 거부하고 싶은 가치를 구별합니다. 나를 둘러싼 환경과 자신을 구분하여 내 좌표를 명확히 세울 때 그동안의 혼란스러움이나 불편함으로부터 빠져나올 수 있습니다. 사회가 요구한 것에서 스스로 선택한 것을 선별함으로써 타인의 기준이 아닌 내 기준을 확인합니다.

'학생의 본분은 공부하는 거야'라는 말을 들으며 컸고 최선을 다하라고 해서 그러려고 했습니다. 어른들의 목소리가 자양분이 되긴 했지만, 공부는 학생만이 아니라 어른들도, 나이를 먹어서도 계속하는 것이 내 삶을 가치롭게 함을 이제는 압니다. 성실의 진짜 의미는 주어진 역할 속에서 남에게 민폐 끼치지 않기 위해서가 아니라, 꾸준히 하는 시간이 쌓이는 과정에서 미세한 변화와 성장하는 기쁨을 맛보기 위함임을 깨달았습니다. 노력의 열매를 맛봤던 뿌듯함을 알기에 스스로를 성실한 사람이라고 말하고, 그러기 위해 노력하겠다고 다짐합니다.

'여자는 ~~해야지', '엄마는 ~~해야 한다'라는 가부장적 규범에 대해 무수히 들어왔고 지금도 자유롭지 않지만, 어떤 지점을 납득할 수 없고 무엇이 잘못되었는지를 이제는 알고 있습니다. 착한 여자나 좋은 엄마가 되기 위해서가 아니라, 나만의 방식으로 그들을 사랑하고 힘들더라도 사랑을 지키려 합니다. 이전 시대의 관습이 여성뿐 아니라 남성에게도 감옥임을 알기에 그것을 답습하지 않고 아이들에게 물려주지 않으려는 노력 또한 사랑입니다. '여성-엄마 역할'이 만들어진 관념임을 인식하고, 한 사람으로서 어떻게 살아갈지, 내가 원하는 사랑의 의미는 무엇인지, 어떻게 사랑을 실천할지에 대해 생각합니다.

내 인생의 중요한 가치를 정리하는 셀프 미션은 무의식적으로 수용된 것들을 멀찍이 떨어져서 바라보는 시간입니다. 바짝 붙어 있으면 보이지 않으므로 나에게 스며든 관념으로부터 거리를 둡니다. 거리를 확보함으로써 내가 중요하게 생각한 가치들은 무엇이고, 이 가치를 지키기 위해 무엇을 하고 하지 않을지를 정리합니다.

중요한 가치를 위해 하고 있는 구체적 행동을 적는 두 번째 질문은 그 가치들을 이미 실천하고 있음을 확인하기 위해서입니다. 우리는 공허한 관념으로 가치에 대해 말하는 것이 아니라, 일상의 현장에서 그 가치를 실현하기 위해 매일 노력하고 있습니다. 그것이 우리의 자존을 지키고 '나는 이런 사람이야'라고 자부심을 느끼는 행위이기 때문입니다. 자신만의 가치를 정리함으로써 자신이 어떤 사람인지, 어떤 사람이 되고 싶은지 정체성을 재인식합니다.

나에게 어떤 변화가 있었는지 추적하기 위해 과거와 현재의 핵심 가치가 어떻게 달라졌는지 검토합니다. 나란 존재는 과거에서 현재로 이어지는 연속성을 가진 자아입니다. 과거 시간이 축적되어 지금의 내가 되었는데 현재 시점에서 소중한 가치가 바뀌었다면, 나에게 무슨 일이 일어났다는 뜻입니다. 과거를 기억하는 것은 내가 한 것들의 증거를 수집하고 무엇을 해냈는지 인정해주는 일입니다. 무엇이 빠지고 새롭게 추가되었는지, 어떤 이유로 변경되었는지 섬세하게 돌아보면서, 나를 둘러싼 환경의 변화와 나의 성장을 확인합니다. 시간을 거슬러 올라갔다 되돌아오는 자기 민감성의 시간은 이전보다 무엇이 더 깊어졌는지, 어떤 진실에 더 가까워졌는지 보이게 합니다. 시간이 가져간 것도 있지만, 시간이 선물한 것도 있습니다. 잃은 것과 얻은 것을 두 가지 다 봄으로써 과거를 아쉬워하기보다 현재의 나를 인정할 수 있게 됩니다.

삶의 여정에서 우리는 가치와 상반되는 일, 가치를 저버려야 하는 일을 만날 터입니다. 한밤중에 이불킥하면서 '내가 왜 그랬지?' 후회하고, 그렇게 될 수밖에 없었던(?) 상황에 분노할지 모릅니다. 하지만 자신과 독대하는 정적의 시간을 통해 나의 가치 기준과 행동, 외부의 기준을 성찰하고, 내 행동을 고수할지 말지, 내 가치를 지킬지 바꿀지 고민할 것입니다. 자신과 만나는 고요한 시간을 통해 자신의 기준과 외부의 차이를 고민하며 내적으로 더욱 단단해집니다. 자신이 누구인지 알고 무엇을 추구하는지 알아차리는 것은 흔들릴 때 지탱하는 힘이 됩니다. 수많은 변인이 작용하는 삶에서 좌절도 실패도 필연적이지만, 가치와 기준을 고민하며 스스로를 투명하게 인식하려는 노력은 자신을 포기하지 않으며 삶을 지속하게 합니다.

[가치 예시]

나눔 | 믿음 | 선한 마음 | 양심 | 성찰 | 보람 | 성장 | 희망

즐거움 | 열정 | 아름다움 | 배움 | 평화 | 생명 존중

인정 | 자율성 | 자유 | 진실 | 정직 | 성실 | 노력 | 책임

사랑 | 감사 | 관심 | 신뢰 | 배려 | 공감 | 함께하기 | 우정

안전 | 안정 | 질서 | 여유 | 건강 | 부(물질)

[내 삶에서 중요한 가치]

☐ (현재) 인정, 나눔, 발전, 공평함, 행복 (+선한 마음, 배움)

☐ (과거) 자유, 즐거움, 도전, 여유, 평화

아무래도 혼자일 때보다 결혼하고 아이가 생기고 난 후 삶이 많이 바뀌었고, 직장생활을 오래 하면서 중요하게 생각하는 게 달라진 것 같다. 가치 예시를 보면서 나한테 중요한 게 무엇인지 생각하다 보니 난 환경/사람의 영향을 많이 받는다는 생각이 들었다.

_7기, 바다

[나에게 중요한 가치를 지키기 위해 요즘 하고 있는 일]

☐ 감사, 행복 : 아주 작은 일에도 감사하며 "고마워", "감사합니다"라고 자주 말하기. 특히 아이들에게 고맙다는 말을 많이 하려고 노력한다.

☐ 경청, 공감 : 상대방 말을 끊지 않고 잘 듣고 공감하려고 노력 중

☐ 사랑, 약속, 믿음 : 엄마에게 자주 전화하기

☐ 우정

☐ 용기, 도전 : 커밍비 워크숍 & 북클럽, 테니스 배우기, 자격증 따기, 몸 만들기, 글쓰기 등

☐ 건강 : 혼자 먹어도 잘 챙겨 먹기, 일찍 자고 일찍 일어나기, 핸드폰 보는 시간 줄이기

☐ 자연 사랑 : 물 아껴 쓰기, 에코백 항상 들고 다니기, 커피 살 때 텀블러 꼭 들고 다니기

_4기, J.

Self Mission 10. 나에게 주는 선물

① 그동안 열심히 살아온 자신을 위한 선물을 합니다. '나는 소중한 사람이야'라고 말하면서 나에게 선물을 주세요.

'나에게 주는 선물'은 수고하고 있는 자신을 인정하고 격려하기 위한 셀프 미션입니다. 가족이나 친구, 다른 사람에게 선물해본 적은 많지만 자신에게 해본 경험은 많지 않습니다. 타인이 주는 것도 아닌데 스스로 한다는 게 민망합니다.

마늘은 종자를 10월 말에 심습니다. 1, 2월 한겨울을 지내고 3월에 싹이 나기 시작해 4, 5월에 쑥쑥 자라 6월에 수확합니다. 눈에 보이지 않아 아무 일도 일어나지 않는 것 같지만, 한파를 견디며 땅속에서 자라고 있었습니다. 봄에 씨앗을 심어 여름이나 가을에 수확하는 작물들은 성장을 눈으로 확인할 수 있습니다. 반면 마늘 같은 작물은 땅속에서 버티는 시간이 4~5개월이고, 햇수로 2년이 걸립니다.

지루한 시간을 견딘 것들의 진수가 나타나는 데는 기다림이 필요합니다. 그날이 그날 같은 반복되는 일상인 듯하지만, 꾸준히 노력하는 한 보이지 않는 변화가 쌓여가고 있습니다. 내가 매진한 시간을 내가 먼저 인정해야 나의 수고가 열매 맺으리라는 믿음을 멈추지 않을 수 있습니다.

인정에는 두 가지 방향이 있습니다. 타인이 나를 인정해주는 것과 내가 나를 인정하는 것입니다. 전자는 안쪽에서 자연스럽게 차오르지 못하고 바깥에서 에너지가 공급돼야 하니 외부에 의존하게 됩니다. 그동안 우리는 내가 나를 인정하는 것보다 타인에게 인정받는 것에 중심을 두고 살아왔습니다. 상대방이 나를 인정하지 않는다고 느끼거나 내 기대와 다를 때 쉽게 상처받습니다.

내가 나를 인정하는 것은 나의 노력을 진심을 다해 알아주는 일입니다. 다른 사람이 채워주지 않아도 속에서 차오릅니다. 내면의 인정 욕구가 충족되지 않으면 다른 사람이 아무리 칭찬을 해줘도 밑 빠진 독에 물 붓기처럼 만족되지 않습니다. 내가 듣고 싶던 인정의 말이 무엇인지 생각해보고 그 말을 나에게 해준다면, 다른 누가 아닌 내가 먼저 나를 충분히 인정한다면, 타인의 인정으로부터 자유로워질 수 있습니다.

평생을 사회적 관계 속에서 살아갈 우리에게 타인의 인정은 필요하지만, 스스로를 일으켜 세우는 것이 먼저입니다. 자신을 존중한다면 타인의 인정에 좌지우지되지 않습니다.

나에게 주는 선물은 오늘도 수고했고 내일도 수고할 나를 인정해주는 행동입니다. 부족하고 아쉬운 면이 눈에 띄지만 이런 나도 무시하지 않습니다. 나의 노고를 위로하며 나에게 선물합니다. 선물의 종류나 크기, 가격이 아니라 마음의 크기와 빈도에 집중합니다. '나는 소중한 사람이야'라고 수시로 말하며 자신에게 공을 들입니다.

자신을 소중하다고 하는 게 어색하기도 합니다. 평가와 비판의 목소리가 더 익숙해서 나에게 그럴 자격이 있는지 의문스럽습니다. 아이가 태어났을 때 어떤 조건도 없이 존재 자체가 귀했던 것처럼, 자신을 존재 자체로 귀하게 여깁니다. 지금 그대로의 모습을 받아들이는 것이 정체되는 거 아닌가 하고 의구심이 생길지도 모릅니다. 사람은 성장하는 존재입니다. 어떻게 해야 할지, 어떻게 하면 더 좋을지 늘 생각합니다. 지금의 나에게 괜찮다고 성원해주면 앞으로 나아가게 되어 있습니다. 자신을 수용할 때 우리는 단단해지고, 더 길게 더 멀리 갈 수 있습니다.

커밍비 워크숍에서 건강한 음료 한 잔을 자신에게 선물한 분이 있습니다. "나를 위해 단호박, 브로콜리, 우유, 꿀을 넣은 주스를 공들여 만들면서 그동안 남편과 아이들 위주로 음식을 했다는 생각이 들었고 이제 나도 잘 챙겨봐야겠다"[40]고 했습니다. 마음을 다해 자신을 돌보고 충일감을 느끼는 순간을 허락하는 것이 이 선물의 의미입니다. 스스로에게 너그러워지면 타인에게도 너그러워집니다. 나를 인정하는 시선으로 보아야 타인도 인정할 수 있습니다. 나에게 수고했다고 말할 수 있어야 너에게도 진심으로 수고했다고 말해줄 수 있습니다. 우리의 마음은 서로 연결되어 있기 때문입니다.

자기돌봄 연습

☐ 바〇〇〇〇 립턴트 : 아이를 낳고 화장을 거의 하지 않지만, 가끔 입술 정
도 바르는데 아이가 망가뜨린 립스틱밖에 없었다. 사야지 했다가 '화장
도 잘 안 하는데 뭘……' 하면서 미루기만 했다. 누군가의 생일 같은 날
선물할 일이 있을 때마다 이 제품을 선물하면서 나도 하나 사고 싶었지
만 늘 미루기만 했었다. 드디어 나도 샀다. ㅋㅋ

_2기, 우연히

☐ 오늘 오전 온전히 나에게 집중하는 시간 : 아이들 보내고 커피도 마시고,
차도 마시며 미션도 하고, 비전 보드도 만들고, 수요일에 시작할 북클럽
책도 읽으며…… 이런 것들이 모두 내 자신을 돌보는 일임을, 그것이 얼마
나 중요한지를 생각하며 오늘 아침 시간을 선물했습니다.

_4기, J.

☐ 맛난 소고기 구워 먹었다. 내가 키운 호박을 숭덩숭덩 썰어서 함께. 드
라마 〈도깨비〉를 보며 혼자 먹고, 내가 좋아하는 마늘 까기도 했다. 아
말랑말랑해! 못생겼지만 잘생긴 공유 보며 힐링. 그리고 일찍 잤다.
밭에도 안 갔다. 밭에 가는 게 힐링인데, 어느 날은 안 가는 게 내 몸에
휴식이다. 인생이 그런 거지, 같은 일도 다르게 다가오고 다른 의미가 되
고. 지금이 버거워도 지나고 나면 무언가 다른 것을 보게 되기도 할 거
야. 모진 마음, 말 머금지 말고, 흐르는 대로 내게 차오르는 만큼만 생각
하고 말하고 움직이기.

_7기, 초록이

3 ___ 나의 관계

'미래를 위한 자원을 갖고 있는 자'로서의 아기

_도널드 위니캇, 『아이, 가족, 그리고 외부세계』

　우리 모두 누군가의 돌봄을 받으며 사회 속의 '한 사람'으로 성장
했습니다. 아이를 키우는 일은 내가 받았던 돌봄을 내 아이에게로
되돌려주는 일입니다. 내 아이도 커서 누군가를 돌볼 것입니다. 돌
봄의 순환이 사람들을 연결합니다. 돌봄의 연대를 통해 자아가 드넓
은 세계로 확장됩니다.

　아이를 키우며 이토록 누군가를 사랑할 수 있음이 경이롭습니다.

그가 건강하게 자라길 간절히 바랍니다. '이토록 간절한 마음'은 부담이기도 합니다. 아이는 부모에게 완전히 의탁한 존재입니다. 부모의 도움 없이 생존할 수 없습니다. 누군가의 삶이 전적으로 나에게 달려 있어서 두렵고 무섭습니다. 아이의 생존에 대한 책임감은 구체적인 사랑의 행위로 표현됩니다. 그를 먹이고 재우고 놀 수 있는 안전한 환경을 만드는 활동은 꾸준히 반복되어야 합니다.

아이는 잘 먹고 잘 자고 잘 싸는 행위를 통해 신체적으로 성장할 뿐 아니라 세계와 관계를 맺습니다. 아이를 위한 신체적 돌봄은 아이의 관점에서는 심리적 과정이기도 합니다.[41] 신체적 만족을 통해 그의 정신의 삶을 시작하고, 세상을 살 만하다고 인식하며, 살아갈 힘을 획득하기 때문입니다. 아이를 위한 신체적 돌봄은 주양육자가 시간과 노력을 들이는 구체적 행동으로 이뤄집니다. 그래서 사랑은 노동이기도 합니다.

돌봄노동의 고단함은 영유아기에 정점을 찍고, 아이 스스로 할 수 있는 것들이 많아지면서부터 물리적 시간은 조금씩 줄어듭니다. 생애주기에서 가장 왕성한 시기와 육아 집중기가 겹치기 때문에 부모에겐 힘겨운 시기이기도 합니다. 그러나 부모가 되는 시간을 통해 자신이 변하고 있음을 부모들은 알고 있습니다. 부모 되기의 기회비용이 크지만, 그 애씀의 시간에는 고통과 성장이 공존합니다.

한 존재가 태어나서 어떻게 한 사람으로 커가는지, 인간의 총체적인 성장 과정을 아이를 통해 봅니다. 아이가 자라는 매 시기마다

나는 어땠는지 돌이켜봅니다. 내가 겪으며 살아온 시간과 아이의 시간이 교차합니다. 시간을 거슬러 돌아보는 과정에서 상처가 되살아날 때도 있지만, 아이에게 더 좋은 사람이 되려고 애씁니다. 아이와 공존하기 위하여, 그가 만난 첫 번째 사람인 내가 어떻게 살아야 할지 생각합니다. 싱글일 때보다 개발되는 역량도 있습니다. 공감력, 인내심, 참을성, 기다림, 이해심 등등이 깊어지며 아이를 키우기 위해 열심히 노력합니다. 아이와 놀아주기 위해 새로운 세계로 입문합니다. 그림책, 박물관, 공룡, 로봇, 우주, 역사, 음악, 미술 등 전에 몰랐던 앎의 세계가 열립니다.

인류애도 생깁니다. 부모가 되기 전엔 싫은 사람은 싫은 사람이었습니다. 완전한 타자입니다. 아기를 낳고 난 후, 그도 누군가의 사랑받는 아기였다고 생각합니다. 내 아이와 마찬가지로 그도 기고 걷고 뛰며 자란, 누군가의 애틋한 존재였습니다. 다른 존재에 대해 전에 몰랐던 연민의 감정을 느낍니다. 자식을 잃은 부모, 내 아이 또래 아이들의 고통에 공감하는 능력도 생깁니다. 그리하여 내 아이만 행복해서는 행복해질 수 없음을 깨닫습니다. 같은 반 친구들이 행복해야, 세상이 더 좋아져야 내 아이도 행복할 수 있음을 알게 됩니다. 그래서 아이가 살아갈 세상으로, 사회로 시야가 열립니다. 우리의 안전한 일상이 누군가의 노동으로 유지됨을 알아차립니다. 그가 안전하게 일할 수 있는 환경을 만드는 것은 우리 가정의 안전을 위해서도 중요합니다. 나에게서 아이에게로, 아이에게서 다른 아이에게로, 타인으로, 사회로, 세상으로 관심을 가지면서 자아의 경계가 넓어집니다.

아이와 만남을 통해 부모는 아이가 자라는 만큼 성장합니다. 아이 나이가 부모 나이입니다. "제일 힘든 엄마 노릇을 아직도 하고 있다는 것, 포기하지 않는 사랑을 하려고 하는 나"라고 부모로서 칭찬하고 싶은 점을 적었던 게 기억납니다. 제일 힘들다는 표현은 모든 역할 중에서 엄마가 제일 힘들다는 말이 아닙니다.

사람들은 저마다의 상처가 있습니다. 각각의 고통은 그가 느끼는 무게만큼 존중받을 가치가 있습니다. 우리는 고통의 크기를 비교하는 경연을 하기 위해서가 아니라 나눔으로써 연대하기 위하여 고통에 대해 이야기합니다. 엄마 노릇이 제일 힘들었다는 말은 자신의 취약함을 인정하는 용기입니다. 포기하지 않고 사랑하겠다는 말은 자신이 약함에도 불구하고 최선을 다하겠다는 다짐입니다.

이 미션을 하면서 아이를 위해 노력했지만 상처 주었던 일이나 잘못이 더 생각나 미안함이 앞선다고 하는 분들이 많았습니다. 아이는 내 몸을 통과해 세상에 나왔고, 사랑하지만 상처도 주었고, 사랑하지만 내 몸이 부서질 듯 힘들었기 때문입니다. 하지만 자기를 '이만하면 충분한 엄마(good enough mother)'[42]라고 여기는 것이 중요합니다. 완벽한 부모가 되려고 애쓰다가 죄책감에 시달리기보다 지금도 노력하고 있는 나의 모습을 수용해야 힘이 생깁니다. 이 미션의 첫 번째 목적은 부모가 된 후 일어난 구체적인 변화를 인식하고 그동안의 노고를 칭찬하기 위해서입니다. 그래야 끝나지 않을 평생 프로젝트인 부모 되기를 힘내서 지속할 수 있습니다. 끝까지 사랑하기 위하여, 사랑을 위해 노력하기 위하여 조금 부족한 나에게 다시 기회를 줍니다.

아이는 부모를 자원 삼아 자라지만, 부모보다 더 큰 존재가 됩니다. 부모의 보살핌을 받는 동거인이었던 아이는 어느새 동행자가 됩니다. 그들은 몸이 작고 살아온 시간이 적을 뿐, 우리와 동일한 존재입니다. 아이만큼 부모를 잘 아는 존재도 없습니다. 아이는 배 속에서부터 엄마를 느꼈고, 언어가 숙달되기 전에도 부모의 비언어적 메시지, 신체적 반응을 몸으로 느끼며 살아왔습니다. "내가 엄마를 안 지 10년 됐잖아"라고 이야기하는 11살 꼬마는, 부모의 표정만 봐도 어떤 상태인지 알아챕니다. 어른 됨의 복잡다단한 맥락을 다 이해하진 못하지만, 누구보다 부모인 우리를 이해해주는 존재입니다.

아이가 우리에게 보내는 전폭적인 신뢰와 사랑을 누구에게 받을 수 있었을까요? 그들은 목적과 수단이 아닌, 존재 자체로 사랑을 합니다. 우리가 그토록 바랐던, 있는 그대로의 나를 받아주는 사람은 아이뿐입니다. 부부 관계에서도 그러긴 쉽지 않습니다. 설령 그가 사춘기가 되어 부모로부터 분리되는 과정을 거치며 달라진다(?) 하더라도 유년기까지 아이들이 주는 위로는 축복입니다. 아이의 건강한 거울이 되고자 노력하고 있으나, 나의 일그러진 자화상을 아이에게 보고 놀랐던 경험이 있습니다. 그럼에도 불구하고 아이들은 우리를 사랑하고 의지합니다. 우리의 감정이 널뛰고 오만 가지 생각에 휩싸일 때도 쉽게 믿음을 잃지 않습니다. 그래서 아이들은 부모보다 큰 존재입니다.

　그는 부모로부터 상처도 받았지만 사랑도 받았고, 부모만이 아니라 다른 세계의 영향도 받으며 성장합니다. 아이들이 커갈수록 우리가 모르는 면도 늘어갑니다. 청년기 아이들의 아름다움과 당당함은 부모로부터 받은 것을 넘어 자기 세계를 창조하기 시작한 자(者)의 자신감이기도 합니다. 지키고 보호해야 할 것이 많은 어른들은 머뭇거리고 주저하지만, 가진 것 없고 경험이 짧은 젊은이들은 화끈하고 거침이 없습니다. 젊은이들은 순수한 열정과 패기로 세상의 변화를 주도합니다. 우리는 한때 그들의 미래였지만, 이제 그들은 자신만의 미래를 만들어갈 터입니다. 그들을 지지하고, 그들이 필요할 때 그늘이 되어주는 것이 어른인 우리의 역할입니다.

　그들의 성장을 지켜보며 물려주고 싶은 유산은 무엇인가요? 그들에게 어떤 거울이 되고 싶은가요? 오늘의 두 번째 질문은 아이들이 세우고 지어갈 세상에서 우리와 그들이 연결되길 바라는 소망의 표현입니다. 부족하지만 최선을 다한 삶에서 내가 잘한 것을 그들이 이어가길 바랍니다. 아이들이 내 소중한 가치와 노력을 자양분 삼아 뻗어가길 원합니다. 설령 우리 기대와 다른 선택을 할지라도, 그들이 자신의 삶을 살아가듯이 우리는 우리의 삶을 살아가면 됩니다. 우리는 나이 들어가고 그들은 자라는 삶의 여정에서, 우리는 멈추지 않고 계속 사랑할 것이기 때문입니다.

자기돌봄 연습

□ 참을성이 정말 많아졌다.

□ 제일 힘든 엄마 노릇을 아직도 하고 있다는 것

□ 편하게 이야기할 수 있는 엄마

□ 포기하지 않는 사랑을 하려고 하는 나

□ 아이들의 이쁜 거울이 되려고 노력하는 나

□ 자식 자랑하는 사람들 이야기를 정말 잘 들어주는 것

_4기, 윤경옥

□ 솔선수범할 수밖에 없는 환경

□ 나의 분신을 통해 나를 봄

□ 리더십

□ 생존 능력

□ 살아야 할 이유

□ 가족 중심의 삶

_6기, Jacob

□ 좀 더 나은 사람이 되기 위해 노력한다. 결혼, 육아를 하면서 내가 알지
못했던 나의 바닥도 보게 되었다. 그렇지 않기 위해서 계속 노력 중이다.

□ 아이가 커서 살아갈 세상이어서 더 관심이 생겼다. 디지털 세계, 환경
보호, 성교육 등 내가 먼저 조금씩 공부하게 되었다.

□ 다른 사람의 입장에서 생각해보려고 한다. 이해보다 받아들이기.

□ 새로운 시도를 많이 하게 된다. 예를 들어 캠핑, 바닷가에서 놀기(모래가
싫다), 산(벌레가 싫다) 등 싫은 것투성이었는데 다 가보고 하게 된다.

_7기, 바다

Self Mission 12. 나의 친구

----

① 함께 있으면 즐겁고, 내 가능성을 인정하고 성장을 도와주는 사람의 이름을 적어보세요. 그 사람이 내게 하는 칭찬이나 격려의 말도 써보세요.

② 믿고 기댈 만한 사람의 목록을 작성하세요. 친구, 이웃, 동료, 가족 등 다양한 관계를 돌아보고, 그들로부터 어떤 도움을 받을 수 있는지 구체적으로 생각해보세요.

모든 건강한 인간관계는 건강한 경계를 필요로 한다. (…) 건강한 경계를 유지함으로써 우리는 서로를 존중할 수 있다. 각자의 독립성과 능력을 지지하는 것은 모두에게 긍정적이다.

_캐런·루이즈·진, 『마흔 이후, 누구와 살 것인가』

정체성은 현재의 나를 나타내는 것들의 총합일 뿐 아니라 내가 가고자 하는 방향도 포함합니다. 정체성의 벡터, 즉 지향성은 지금은 보이지 않는 '되고 싶은 나'를 나타냅니다. 시간과 노력을 들여야만 원하는 미래 모습에 다가갈 수 있습니다. 미래에 당도하기 위하여 가진 것 없이 나아가는 그 시간을 견디려면, 꾸준히 걷는 발걸음과 곁을 지켜주는 사람들이 있어야 합니다.

알 수 없는 미래를 향할 때 당사자만큼 혼란스러운 사람도 없습니다. 그에게는 왈가왈부하는 사람이 아니라, 그 시기를 늠름하게 겪을 수 있도록 함께 머물러주는 사람이 소중합니다. 아직 가보지 않은 길이어서 두려운 사람에게는 용기가 필요합니다. 그가 겪어내리라는 믿음을 갖고 마음을 기울여주는 사람이 힘이 됩니다. 힘을 내려면, 신체를 움직이는 물리적인 에너지뿐 아니라 행동할 의지를 일으키는 정신적인 에너지, 둘 다 필요합니다. 설령 잘못된 길처럼 보일지라도, 최선을 다해 그 시간을 통과했다면 성공도 실패도 온전히 그의 몫입니다. 결과가 뜻한 바와 다를지라도 온 힘을 바쳐 그 길을 간 사람에게 그것은 더 이상 실패의 서사가 아니기 때문입니다.

'나의 친구'를 돌아보는 셀프 미션은 내 곁을 지켜주는 사람들을 기억하는 시간입니다. 삶의 여정에서 존재 자체로 나를 인정해주는 사람들을 찾습니다. 내 주변에 누가 있는가는 '누구를 만나며 살 것인가'에 대한 질문입니다. 만나고 싶은 사람만 만나고 살 수는 없겠으나, 어떤 사람이 내 삶의 울타리에 있는지는 내 생을 무엇으로 채울지에 대한 이야기이기도 합니다.

예리한 시각을 가진 사람들이 있습니다. 정곡을 찌르고 앞을 내다보는 데도 능합니다. 이런 사람들에게 새로운 지식을 얻거나 기존에 생각하지 못했던 관점을 배우기도 합니다. 신선한 자극이 되고 시야가 트일 때도 있습니다. 나의 여정에 필요한 이야기라면 수용하면 됩니다. 하지만 어떤 충고나 조언의 말들은 하려는 의지를 꺾습니다. 새로운 도전을 할 때 친밀한 관계의 사람들이 해주는 판단의 언어들에 오히려 기운이 빠지곤 합니다. 나의 약한 고리나 내면의 두려움을 그의 말이 건드렸기 때문입니다.

판단은 생각의 영역으로, 공감보다 빠릅니다. 판단이 자동차 여행이라면, 마음을 포개는 공감은 도보 여행과 같습니다. 걸을 때 동네의 형태를, 나무를, 풀을, 꽃을, 집을, 사람을, 땅을 찬찬히 보며 분위기를 체험할 수 있습니다. 자동차는 걷기보다 빠르지만, 휙 스쳐 지나가니 그 공간을 세세하게 느끼긴 어렵습니다. 판단의 언어는 자동차 여행과 같아서 마음이 머무르는 공감에 이르지 못하기도 합니다.

마음이 동반되지 않은 충고나 조언에 마음 쓰지 않는 것, 건강한 자극인지 정신을 뒤흔드는 자극인지 구분하는 분별력을 가져야 합니다. 누군가 자신의 경험을 내세워 내 삶을 함부로 판단하도록 내버려두지 않는 용기가 필요합니다. 손이 시린 사람에겐 왜 장갑을 안 꼈냐는 책망보다 언 손을 녹여주는 따뜻한 온기가 더 현실적인 대안입니다. 손을 녹이고 난 후에 다음부터 장갑을 미리 준비할지 말지는 손 시린 사람이 결정하면 됩니다. 시행착오를 거치며 스스로 체득하여 자신의 경로를 설정하는 것이 더 값지기 때문입니다.

"정말 힘들지. 나도 힘들더라. 같이 잘해보자. 넌 너무 잘하고 있어."

"잘해 왔잖아. 앞으로도 잘할 거야."

"할 수 있어. 다시 해봐."

"열심히 하고 있잖아."

"넌 괜찮은 사람이야."

"애썼어."

가능성을 인정하고 성장을 도와주는 사람들이 해주는 말입니다. 나아가지 못하는 상황일 때도 나를 지지합니다. 힘든 순간이어서 힘들어야 할 때, 아파서 아파해야 할 때, 믿는 눈으로 바라보며 묵묵히 어깨를 내어줍니다. 나의 친구들을 정리하면서 생각보다 많은 사람이 가까이 있음을 깨닫고 마음이 든든해집니다. 현재의 상황만이 아니라 보이는 것 너머를 봐주는 사람들, 과거에 고착되지 않고 열린 미래를 함께 탐색해주는 사람들을 발견합니다.

두 번째 질문에서는 믿고 기댈 만한 사람들이 누구인지, 그들로부터 어떤 도움을 받을지 생각합니다. 도움받는 것을 부담스러워하는 분들이 있습니다. 남에게 폐 끼치지 않고 내 할 일을 스스로 책임지며 주체성을 유지하고 싶어서입니다. 하지만 도움을 요청하는 것은 자율성이나 독립성과 대립하지 않습니다. 혼자 하려다가 지쳐 쓰러지기 전에 도와달라고 누군가에게 손을 내밉니다. 사랑받는 데 용기가 필요하듯 도움받을 때도 용기가 필요합니다.

상대방의 거절에 대한 걱정, 거절당해서 상처받을까 봐 두려운 마음, 도움이 받아들여지긴 했는데 상대방이 내 요청과 다르게 했을 때의 당혹스러움 등 우리가 도움을 청하지 못하는 이유는 많습니다. 상대방의 거절이 나에 대한 거부로 느껴져서 신경 쓰입니다. 도움이 간절할 때일수록 거절은 아픕니다. 거절은 나의 존재를 부정해서가 아니라 그의 상황이 안 되어서입니다. 나라는 존재는 그의 거절보다 크고, 어떻게 해서든 삶을 일궈낼 힘을 가진 사람임을 기억합니다. 그의 거절이 나에 대한 배척이 아님을 인식할 때, 나 또한 타인에게 거절을 표현할 수 있습니다. 내 몸도 마음도 그의 부탁을 수락할 수 없다면 거절하는 것이 맞습니다. 그의 거절을 수용하고 감당해야 나도 거절할 힘이 생깁니다.

　도움받는다고 해서 약한 사람이 되거나 민폐를 끼치는 건 아닙니다. 우리는 의지하지 않고 살아갈 수 없는 미약한 존재들입니다. 돌봄이 순환하듯 도움도 순환합니다. 내가 A에게 받은 도움을 A에게 되돌려주지 못할 수 있습니다. 대신에 B에게 도움을 줍니다. B는 나에게 도움을 줄 수도, C에게 도움을 줄 수도 있습니다. 도움은 주고받음의 대상이 일치하는 대응 관계가 아닙니다. 도움의 순환은 우리가 함께 살아가는 힘이 됩니다. 누군가의 도움을 받는 것은 혼자 다할 수 없음을 인정하는, 겸손해야 가능한 일입니다. 죽을 것 같은 순간에 내게 손 내밀어준 한 사람이 있어 살 수 있었듯, 누군가가 땅거미처럼 바닥으로 가라앉을 때 내가 손 내밀어주는 사람이 될 수 있습니다. 연약한 자들이 의지하며 연대하여 살아갑니다.

　의지(依支)와 의존(依存)은 구분해야 합니다. 의지는 '다른 것에 몸 또는 마음을 기대어 도움을 받는 것'을 뜻합니다. 책임감과 독립성을 갖고 살면서도 함께하는 기쁨을 누릴 수 있습니다. 사랑과 공감, 우정은 기본적인 욕구이며, 관계 속에서 서로 의지하며 충족됩니다. 건강하게 의지하기 위하여 건강한 경계가 필요합니다. 친밀한 관계일지라도 서로의 차이, 다름을 존중하고, 각자의 영역을 지켜줍니다. 상대방이 도움을 요청하기 전에 함부로 도움을 준다고 나서지 않습니다.

의존은 나의 결핍을 타인에게 충족하려는 행위입니다. 결혼한다고 해서 외로움이 사라지지 않습니다. 그로부터 외로움을 채우려 할수록 지나친 의존으로 인해 관계가 흔들립니다. 자신을 소홀히 대하지 않고, 나를 내동댕이치지 않고, 관심을 가지고 잘 돌보는 것이 먼저입니다. 자신을 신뢰할 때 타인을 신뢰할 수 있습니다. 자립적인 존재들이 건강한 경계를 지키며 성숙한 관계를 만들어갑니다.

나를 존재 자체로 인정하는 사람에게 도움받고 싶은 내용은 지금 나의 필요를 알려주는 구체적인 상황판입니다. 적시에 쿠폰처럼 사용해도 좋고 그렇지 않아도 좋습니다. 불행의 원인을 아는 것이 행복의 시작이라는 말처럼, 나에게 무엇이 절실한지 알고 있다면 거기서 시작할 수 있습니다. 막연하거나 모호할 때가 더 어렵습니다. 선명해지면 그 필요에 집중하면 됩니다. 정적으로 기다리기만 하지 않고 적극적으로 행동할 수 있습니다. 도움을 주는 타인이 있다면 좋겠으나, 설령 그렇지 않더라도 내가 먼저 나를 돕는 타인이 되어줍니다.

☐ 김○진 : 늘 나의 고민을 들어주고 함께 웃고 울고 이야기 나눌 수 있는 사람. 항상 날 위해 기도해주고 종교적인 이끎과 조언을 많이 해줌.

☐ 배○라, 유○회 : 2년 반 동안 내가 알파하기를 기도하고 아이 문제로 울 때 늘 같이 위로해주고 조언해주던 언니들. 날 너무나 예뻐해주고 사랑해 줌. 지금도 여전히 날 위해 눈물 흘려주고 항상 안아주는 사람들. "너무 좋은 엄마예요. 잘하고 있어요. 하늘 씨 보면서 많이 배워요."

☐ 송○영 : 지금 하고 있는 스터디그룹의 영어 선생님. 나를 이 모임으로 이 끄신 분. 첫째 아이의 피아노 선생님. 단단히 중심 잡은, 늘 한결같은 리더. 내가 힘든 일로 전화하면 늘 이야기 들어주고 조언해주고 기도해주 시는 분. "우리 하늘이 너무 귀하다."

☐ 고○연 : 둘째 아이 친구의 엄마로 알게 되었으나 내가 영어방에서 함 께 공부하자고 한 분. 너무나도 선한 마음으로 내가 혼자 있을 때나 힘 들 때 나의 감정을 추스를 수 있게 도와줌.

☐ 이○회 : 내가 항상 챙기고 그걸 고마워할 줄 아는, 사랑한다는 말을 해 주는 사람. "하늘아, 고마워 사랑해."

_4기, 하늘

Self Mission 13. 나에게 큰 영향을 미친 사람

① 내 인생에 큰 영향을 미친 사람에 관한 객관적 사실을 적어보세요.
  – 이름, 연령, 관계, 고향, 거주지, 좋아하는 것/싫어하는 것, 기억에 남
    는 이야기 등 그의 모든 것을 적어보세요.

② 그분에게 가장 듣고 싶었던 말이나 행동은 무엇인가요? 그로부터
  받은 영향을 적어보세요. 이것은 나에게 어떤 의미가 있나요?

'나에게 큰 영향을 미친 사람'을 탐색하는 셀프 미션은 부모님을
생각하기 위한 시간입니다. 우리는 부모님으로부터 참 많은 것을 받
았습니다. 아이들이 내 몸을 통과해 세상에 나왔듯, 우리도 부모의
몸을 통해 생명을 얻었습니다. 태어나서 처음 만난 사람이고 관계의
첫 경험을 그들로부터 했습니다. 사랑도 받았지만, 상처도 함께 받
았습니다. 그들을 기억하다 상처가 환기될까 봐 회피하고 싶은 마음
도 듭니다. 사랑과 상처, 그 모두를 합한 것이 나이므로, 나를 돌보
기 위해 그들을 기억합니다.

첫 번째 질문에서는 그들에 대한 객관적 정보를 취합합니다. 내
부모이기 전에 '한 사람'으로서 그들은 어떤 존재인가요? 내 부모라
는 시각을 잠시 접어두고, 한 인간으로서 그들을 인터뷰하듯 관찰합
니다. 부모와 나는 오랜 시간의 역사를 공유하고 있습니다. 내 나이
만큼의 기억이 축적되어서 내 안에 고정된 시각이 배어 있습니다.

그동안 셀 수 없이 많은 일이 있었습니다. 구체적인 사실은 잊어버려도 감정은 살아남습니다. 그들의 말투, 행동 양식, 문제 대응 방법을 수십 년 겪었기에 패턴을 알고 있습니다. 그 패턴에 적응하며 살아서 나름의 판단이 내 안에 있습니다. '엄마(아빠)는 이런 사람이야', '엄마(아빠)는 이럴 거야'라는 믿음에 갇혀 그의 행동을 제대로 보지 못할 때도 있습니다. 그분에 대한 객관적 관찰은 내 경험과 기억이 편협하지 않았는지 성찰하려는 노력입니다. 그를 다시 보면서 내가 살고 있는 시간과 그가 살았던 시간을 병렬적으로 비교합니다. 내가 삶의 변곡점을 맞던 나이에 그는 어땠을까, 육아하면서 내 바닥과 만나며 좌절하던 시절을 그는 어떻게 보냈을까 생각합니다.

부모 이야기는 어렵습니다. 내 안의 상처가 먼저 보이고 서러운 감정이 되살아납니다. 사람마다 상처의 내용과 깊이도 다릅니다. 트라우마적 경험부터 결핍 혹은 상실, 깊은 사랑을 받았던 경험까지 저마다의 기억들이 있습니다. '보통' 가정이었다 해도, 상처의 기억은 많습니다. 그분들의 노력을 알기에 상처의 경험을 떠올리는 것이 나쁜 자식이 되는 기분이라 꺼려집니다. 죄송한 마음도 듭니다. 상처는 분명한데 말할 수 없어서 혼란스럽습니다. 양가감정이 올라옵니다.

그들로부터 내 존재가 시작되었으나, 그들의 존재가 나의 선택은 아니었습니다. 선택하지 않았음에도 나에게 온 것들로 생긴 고통을 애도하고, 상처를 있는 그대로 공감해주는 것이 부모 셀프 미션의 목적입니다. 상처 입은 피부에 딱지가 생기듯이, 아픔을 이기고 어른이 된 자신을 애썼다고 인정해줍니다. 죽을 것 같은 시기가 있었으나, 견디고 살아남아 멀쩡한 어른이 된 나를 칭찬해줍니다. 사랑받지 못해 아팠으나 내 아이에겐 그 사랑을 물려주지 않기 위해, 내가 받고 싶었던 그 사랑을 주기 위해 노력하는 나를 칭찬해줍니다.

두 번째 질문은 그분들의 어떤 말과 행동이 나를 아프게 했는지, 어떤 부분을 이해할 수 없었는지, 그때 나에게 어떻게 해주길 바랐는지, 지금의 내가 되는데 그들이 어떤 영향을 미쳤는지 돌아보는 과정입니다. 부모님의 기억에는 긍정적인 것과 부정적인 것이 공존합니다. 물려받아 감사한 정신적 유산과 그렇지 않은 것이 있습니다. 그들에게 무엇을 받고 싶었는지 정리하는 시간을 통해 내가 받고 싶었던 사랑의 형태를 이해합니다. 내가 진짜 원하는 것을 봅니다.

"있는 그대로 너는 너무 괜찮은 딸이야, ○○아 사랑해."

"맏이 노릇 고생한다. 네가 있어 든든하다. 자랑스럽다."

부모님에게 듣고 싶었던 말입니다. 어린 시절 받았던 상처에 대한 사과, 잘한 일에 대한 칭찬과 인정, 노력에 대한 진심 어린 격려와 응원을 받고 싶었습니다. 잘한 일보다 부족한 일에 대한 지적, 숱하게 들었던 '하지 마라'는 말이 자아상 형성에 영향을 미쳤음을 깨닫습니다. 그들이 우리를 사랑하지 않아서가 아니라 사랑하는 방법에 서툴렀음이 보입니다. 먹고사는 데 지쳐 당신의 삶을 사느라 버거웠으리라 생각합니다. 이해하기 힘든 사랑의 표현과 소통의 방식이 그들이 자란 환경에 기인했다고 추측합니다. 사람은 자신이 속한 시대가 보여주는 데까지만 볼 수 있고, 그분들도 자신이 살았던 시대의 한계에서 자유롭지 않았음을 느낍니다.

그들이 나에게 했던 말과 행동이 나를 규정하지 않습니다. 아이가 부모보다 큰 존재이듯, 우리도 부모보다 큰 존재입니다. 그들은 내 과거이지만 나의 미래는 아닙니다. 그들에게 배운 것이 '내가 초래한 것은 아니지만, 답습하는 것은 내 책임'[43]입니다. 과거에 대한 원망이 현재를 구원하지 않으므로, 무엇을 선택할지는 내가 결정합니다. 한 사람의 처음 모습은 끝날 때와 같지 않을 수 있고, 그들이 낳은 나와 어른이 된 나도 다릅니다. 그들이 나에게 유발한 것을 반복하지 않을 힘이 내게 있기 때문입니다. 그래서 내 아이에게 부정적 표현보다 긍정적 표현을 더 많이 하리라, 마음을 다해 함께 기뻐하고 격려하리라 다짐합니다.

상처받았던 부분에 대해 우리는 그 나이에 머물러 있을지 모릅니다. 꿋꿋하게 살아왔지만 상처는 내면에 남아 있습니다. 이번 셀프 미션에서 그때의 나와 만남으로써 상처받은 자신을 공감해줍니다. 고생했다고, 네 잘못이 아니라고, 이만큼 사느라 애썼다고, 괜찮다고 말하고 안아줍니다. 삶의 여정에서 이 상처가 완전히 회복되지 않을 수 있습니다. 그래도 괜찮습니다. 상처가 찾아올 때마다 왔냐며 맞아주고 그 감정을 들어주면 됩니다. 우울도 불안도 슬픔도 삶의 일부입니다. 힘들면 돌봐달라고 찾아옵니다. 외면하거나 도망간다고 해서 사라지지 않습니다. 올 때마다 품어주어서 소화하는 힘을 키웁니다. 그래서 우울과 함께 살아간다고도 하겠습니다.

> '어떻게'를 서술하는 것과 '왜'를 설명하는 것은 뭐가 다를까? '왜'를 설명한다는 것은 왜 다른 사건이 아니라 하필 이 사건이 일어났는지를 설명할 수 있는 인과관계를 찾는다는 것을 의미한다. (…) 특정한 역사 시대에 대해 많이 알면 알수록 왜 하필 일이 그런 식으로 전개되었으며 다른 식으로는 전개되지 않았는지를 설명하기가 점점 더 어려워진다는 점이다.
>
> _유발 하라리, 『사피엔스』

'왜'보다 '어떻게'란 의문사가 사랑하는 데 더 낫습니다. 추리소설에서는 여러 단서와 행동, 상황이 얽히고설켜 사건이 발생하지만, 인과관계는 명쾌합니다. 하지만 삶의 변인은 수두룩하고, 추리소설처럼 인과관계가 분명하지 않습니다. 인간관계에서 상호작용은 매우 복잡합니다. 역사에서도 결정론이 불가능한데, 사랑에서 단순한 결정론은 성립하지 않습니다. 나는 우리 부모만이 아니라 다양한 관계들, 사회적 영향, 여러 가지 배움 속에서 성장했습니다. "우리가 벌써 튼튼하다면 과거의 상처가 우리를 어찌 얽매겠는가"[44]라는 말처럼, 우리의 내면을 돌보아 튼튼함을 키웁니다. 삶을 원인과 결과라는 인과관계가 아니라 서로에게 영향을 주고받는 상관관계로 봅니다.

나와 아이들의 관계도 마찬가지입니다. 내 잘못이 아이를 망칠지 모른다는 인과관계적 접근으로 위축되기보다는, '어떻게' 사랑하며 살아갈까를 고민합니다. 과거는 지났고 미래는 우리 안에 있습니다. 부모보다 강한 존재인 아이들은, 마음을 다해 사랑하며 살아가는 우리 모습을 '보며' 함께 클 것이기 때문입니다.

자기돌봄 연습

[나에게 큰 영향을 준 분에게 감사한 점/서운하거나 아쉬운 점]

☐ 몸을 움직이는 일이 소중하다는 것을 깨우쳐주신 것

☐ 이른 아침의 문미를 아버지 때문에 배웠다.

☐ 책 읽기의 소중함을 배웠다.

☐ 성취 욕구를 익힐 수 있었다.

☐ 사회에 대한 관심과 약자를 살피는 마음

☐ 책임감, 성실, 포기하지 않음 등 소중한 덕목을 아버지에게 배웠다.

☐ 아버지를 끝까지 지켜드리지 못한 것. 나쁘거나 속상한 일이 생길 때, '내가 그래 놓고 무얼 바라는 거야'하는 생각이 들 정도로 후회스럽다.

☐ 아버지가 젊으셨을 때 화내면서(나를 혼내면서) 책상 위 책을 다 밀어 버리고 하셨다. 나를 때리지는 않았지만, 나도 화가 많이 났고 아버지에 대한 서운함이 더 깊어졌었다. 지금 생각해보면 대화하는 법을 모르셨고 서로 힘들어서였다는 생각이 든다.

_7기, 초록이

[나에게 큰 영향을 준 분에게 가장 듣고 싶은 말]

☐ "나는 내 인생이 너무 좋다. 즐겁다."

친정엄마는 무슨 일이 있을 때마다 신세 한탄을 하며 자신이 잘못 살아왔다고 하십니다. 최선을 다해 살아온 자기 인생에 자부심을 갖고, 엄마가 즐겁게 사셨으면 좋겠어요. 그런 말을 들을 때마다 일말의 책임이 느껴져 마음이 너무 무거워요.

_2기, 봄바다

Self Mission 14. **나에게 도전이 되는 사람**

① 배우자의 장점 40가지를 적어보세요.
- 성격, 습관, 행동 등을 구체적으로 생각하면서, 그 사람의 존재를 나타내는 특성을 적습니다.
- 배우자를 쓰고 싶지 않은 분들은 친밀한 관계에 있는 사람에 대해 쓰세요.

② 다 쓰고 나니 어떤 기분이 드세요?

성숙한 사랑은 그의 통합성과 개성을 유지하는 조건하에서 이루어지는 결합이다. (…) 사랑에 있어서는 두 사람이 하나가 되지만 동시에 또 둘로 남는다는 역설이 발생하게 된다.

_에리히 프롬, 『사랑의 기술』

'사람과 사람이 만나는 건 온 우주가 만나는 일'이라고 합니다. '우주'란 단어는 수십 년 동안 다른 시공간에서 성장한 두 사람이 조화를 이루는 일이 우리은하와 안드로메다은하가 만나는 것만큼이나 어렵다는 은유입니다. 성격도, 경험도, 기억도, 상처도 다른 두 사람이 관계 맺는다는 건 그토록 어마어마한 일입니다.

두 사람이 결혼했을 때, 둘을 중심으로 두 집안이 만나 수십 명의 사람이 얽힙니다. 아이의 탄생, 새로운 생명의 출현은 두 사람이 함께 해결할 장기적인 공통 미션이 주어졌음을 뜻합니다. 1대 1 대응 관계였던 연애 시절과 달리, 결혼과 출산은 관계의 복잡도가 제곱 이상으로 늘어납니다. 변수도 훨씬 많습니다. 회사에서는 연차가 오래될수록 숙련도가 늘어나, 업무성과를 측정하는 핵심성과지표(Key Performance Indicator; KPI) 달성률도 높아질 수 있습니다. 결혼에서도 숙련도는 높아질 수 있지만, 두 사람의 적응도(度), 두 집안의 환경, 아이의 성장에 따른 변수 등 예측 가능성을 넘어서는 일이 계속 생깁니다. 회사 업무가 어느 정도의 유사성을 갖고 전개됨과 달리, 양육에서는 핵심성과지표가 계속 변합니다. 영아기, 유아기, 아동기, 사춘기 등 발달단계에 따라 부모의 (본질은 유지되지만) 할 일이 달라지고, 아이 기질과 부모 기질의 합을 맞추는 것도 영향을 미칩니다.

이 모든 상황에도 불구하고, 결혼은 나와 그가 가정이라는 틀 안에서 '함께' 행복을 추구하기로 합의한 관계입니다. 생리적 욕구, 안전 욕구, 애정·공감 욕구와 같은 인간의 기본적인 욕구를 가족 관계 속에서 충족하자고 공통의 목적을 설정하였습니다. 목적이 동일한데도 갈등이 발생하는 이유는 나와 그가 다르고 우리가 모순적인 존재이기 때문입니다.

부부 관계를 구성하는 두 사람은 사고 체계, 습관, 정서, 자아상 등 거의 모든 면에서 같지 않습니다. 두 사람이 성장한 맥락(context)에 따라 전혀 다른 생각과 행동 양식을 가질 수 있습니다. 한 가지 일에 대해 두 사람의 해석이나 대응 방식이 상이할 때도 있습니다. 회사, 학교와 같은 공적 공간에서는 판이한 사람들이 모여 있어도 업무 목표와 규칙이 기준이 되어서 인간적 차이가 조직 문화 속에 가려질 수 있습니다. 그러나 가정에서는 공적 공간의 규율과 긴장을 내려놓고 날것 그대로의 모습으로 만납니다. 가면을 벗고 민낯으로 생활하기 때문에, 두 사람의 차이는 다른 언어를 사용하는 것처럼 첨예한 갈등 요소가 될 수 있습니다.

모순적인 존재란 말은 우리 안에 셀 수 없이 많은 요소가 있어서 일관적이지 않다는 뜻입니다. 레고 조각 맞추듯 아귀가 딱 맞으면 좋겠지만, 사람은 그렇지 않습니다. 나는 그를 사랑하지만, 그의 어떤 습관은 사랑하고 싶지 않습니다. 그가 아플 때 안쓰럽고 걱정되지만, 그가 몸이 안 좋아서 내 집안일이 늘어나는 게 불편합니다. 환경문제를 고민하면서도 걸레 빨기가 귀찮아 물티슈를 사용하기도 합니다. 아이를 사랑하지만, 내 몸이 힘들거나 상태가 안 좋을 때는 버럭 화를 냅니다. 내 안에도 수백 개의 마음이 있습니다. 한결같지 않고, 때때로 모순적인 마음들을 모두 합한 것이 '나'입니다.

그는 가족을 끔찍하게 사랑하지만, 걱정이 많은 사람이라 잔소리를 잘합니다. 그 덕분에 집이 깨끗해져서 좋지만, 청결에 대한 지적은 안 했으면 좋겠습니다. 그가 힘들다고 말할 때 공감이 되면서도, 한편으로는 알아서 했으면 좋겠고 나까지 걱정시키지 않기를 바랍니다. 어떤 사회적 이슈에는 의견이 같지만, 어떤 사안에 대한 그의 반응은 납득하기 어렵습니다. 맘에 드는 면과 맘에 들지 않는 면, 이 모든 것을 합한 것이 내가 사랑한 '그'입니다.

남성과 여성의 언어가 다르다는 것은, 생물학적 차이보다는 성별에 따른 사회화 과정의 차이를 뜻합니다. 밥하기, 빨래, 청소는 성인이라면 마땅히 가져야 할 생존의 기술이지만, 1인분의 삶을 사는 데 필요한 이 기술을 한쪽 성이 학습하지 못한 경우가 많습니다. 아이를 낳아 키우는 것은 부모라면 마땅히 배워야 할 돌봄의 기술이지만, 상대적으로 여성에게 무거운 책임이 주어집니다. 성인으로서 생존의 기술과 부모로서 돌봄의 기술은 공동의 목적을 향하여 걸어가는 두 사람이 함께 연마할 과제입니다.

삶의 역사도, 사랑의 방식도 다른 두 사람이 가정에서 잘 살아가기 위해 독립적인 존재로서 각자의 모습을 그대로 수용합니다. 모든 면을 이해하기는 불가능하지만, 그 사람의 존재를 나타내는 특성이 무엇인지는 알 수 있습니다. 그에 대한 '앎'은 한배를 탄 팀의 안녕을 위해서입니다. 나 자신도 내 맘대로 안 되는데, 그를 내 맘대로 하기는 훨씬 어렵습니다. 그를 내 뜻대로 바꾸기 위해서가 아니라, 그와 내가 평화롭게 공존하기 위하여 그가 어떤 사람인지 자세히 관찰합니다.

그의 장점을 40개나 쓰는 셀프 미션은, 그를 잘 알기 위한 노력의 행위입니다. 에리히 프롬은 인간이 '무한히 알 수 없는 하나의 신비'라고 말합니다.[45] 부부 관계로 만난 두 사람은 서로의 습관, 경험, 사고방식 등 풍부한 정보가 있지만, 다 안다고 할 수 없습니다. 인간의 내면은 끊임없이 변하기 마련이어서 투명하게 심층을 보지 못합니다. 에리히 프롬은 앎이 없는 사랑은 불가능하므로, 그 사람에 대한 지식을 갖기 위해 노력하는 과정이 사랑이라고 합니다. 내가 아는 그가 어떤 사람인지 이해하기 위하여 그의 장점을 구체적으로 써내려갑니다.

내 장점을 쓸 때와 마찬가지로 그의 장점을 쓰면서도 장점인지 단점인지 헷갈립니다. 타인에겐 장점이 분명하지만 가족인 나에겐 단점으로 느껴지는 장점도 있습니다. 그에 대해 쓰면서 내가 과연 이 사람을 잘 알고 있는지, 관심이 너무 적었던 건 아닌지 처음으로 생각해봅니다. 그에 대한 앎도 결국 내가 본 범위로 한정됩니다. 나와 연결된 지점, 그가 나에게 잘해준 것을 장점으로 적고 있음을 깨닫습니다. 그를 온전히 알지 못함을, 내 입장의 한계 속에서 그를 보고 있음을, 그에 대한 나의 무지를 인정하며 겸허해집니다.

오늘 미션의 제목은 '도전이 되는 사람'입니다. 친밀하지만 종종 힘들어져 서로에게 걸려 넘어진다는 뜻입니다. 다른 관계보다 기대치가 높고 서로에게 끼치는 영향력이 커서입니다. 같은 말이라도 배우자의 말과 지나가는 행인의 말은 천지 차이입니다. 내 감정적 상태가 그에게 전달되고, 반대 상황도 마찬가지입니다. 쉽게 상처를 줄(받을) 수도 있으므로, 내가 존중받고 싶은 대로 그를 존중합니다. 사랑과 인정, 공감받고 싶은 욕구는 두 사람 다 똑같습니다. 그것을 표현하는 방식이 다르다면 서로에게 어떤 차이가 있는지 배웁니다. 한국어 사용자가 스페인어를 못 알아듣는 것과 유사합니다. 소통하기 위해서는 통역이 필요하거나 그 언어를 배워야 이해가 됩니다. 마찬가지로 서로의 언어와 맥락을 알기 위해 꾸준히 노력합니다.

서로의 말이 상처가 될 때, 그의 말이 나의 존재를 규정하지 않음을 분별합니다. 그의 의견을 청취하고 대화를 나누지만, 나는 그의 지적보다 큰 존재입니다. 그는 자기 입장에서 얘기할 뿐, 나를 온전히 알지 못합니다. 그의 말 중에서 무엇을 취하고 버릴지 구분합니다. 그와 협력하여 해결할 문제와 나 혼자서 해결할 문제를 나눕니다. 서로의 영향력을 귀히 여기고 나 자신을 대하듯 그를 소중히 대하되, 그와 나의 경계를 분명히 합니다. 사랑 안에서 두 사람이 하나가 되면서도 둘로 남는다는 '역설'은, 성숙한 사랑일수록 각자의 개성을 존중해야 한다는 의미입니다. 그는 소중한 삶의 파트너이지만, 우리는 다른 사람입니다. 평생을 함께할 동지로서 좋은 팀워크를 다지기 위해 노력하면서도, 자신의 중심을 지킵니다. 건강한 경계를 유지할 때 건강한 부부 관계 또한 가능합니다. 건강한 경계는 모든 친밀한 관계에도 동일하게 적용됩니다.

Self Mission 15. 나의 롤 모델

① 당신의 롤 모델은 누구인가요?

 – 나와 어떤 관계의 사람이고, 어떤 이유로 이 사람을 꼽았는지, 나에
게 어떤 영향을 미쳤는지, 어떤 점을 닮고 싶은지 구체적으로 적어
보세요.

불확실성을 인정하는 것은 약하고 무력하다는 것을 인정하
는 셈이지만, 그럼에도 불구하고 자기 자신에 대한 신뢰를 잃
지 않는 행동이다. 나약하지만 그 나약함 안에 힘이 들어 있
다. 다른 사람의 마음이 아니라 자기 자신 안에서 살겠다는 확신.

_타라 웨스트 오버, 『배움의 발견』

우리는 평생 수많은 사람을 만나면서 살아갑니다. '저렇게 되고
싶다'란 생각이 드는 사람도, '절대 저렇게 되지 말아야지'란 생각이
드는 사람도 있습니다. 오늘의 셀프 미션 '나의 롤 모델'에서는 '되고
싶은 나'의 모습을 가진 사람을 찾습니다. 앞으로의 삶을 그려보았
을 때 닮고 싶은 모습을 하고 있는, 본보기가 되는 사람입니다. 내
가 원하는 삶의 모습이 있으나, 어떻게 만들어야 할지 알지 못할 때
롤 모델은 참고 사례가 됩니다. 마음속 깊은 곳에 있던 나의 바람이
현실화된 상(像)으로, '소망의 거울'이라고도 하겠습니다. 미래가 막

막한 사람에게 롤 모델은 가고 싶은 미래를 상상하는 기회의 창입니다.

롤 모델이 어떤 의미인지를 인류 역사에서 문자 체계의 발전 과정을 통해 생각해볼 수 있습니다. 고대 수메르, 중앙아메리카, 중국 등은 독립적으로 문자 체계를 발명하였습니다. 이후에 문자의 필요성을 느낀 사람들은 앞서 발명된 문자에서 소리(말)와 의미를 기호화하는 방식을 배웁니다. 고립된 상태에서 0에서 시작하지 않고, 선행 사례를 모델로 이를 연구하여 자기 언어에 특화된 문자 체계를 개발하였습니다. 이전 사례를 모델로 하는 방법에는, 기존 문자 체계를 복사하거나 변형시킨 '청사진 복사'와 기존 문자에서 아이디어를 얻어 세부적인 내용을 창안한 '아이디어 확산'이 있습니다. 청사진 복사는 선행 문자를 청사진 삼아 자기네 언어에 들어맞는 문자 체계를 고안하였고(셈 알파벳을 청사진으로 한 로마 알파벳), 아이디어 확산은 이미 문자를 소유한 사회와 밀접하게 접촉하면서 그들로부터 자극을 받아 독특한 문자 체계를 발명하였습니다(한글).[46]

롤 모델은 선행 사례로부터 아이디어를 얻는 방식과 유사합니다. 나의 미래를 구체적으로 알지 못하므로 앞서간 사람을 보면서 그것을 할 수 있을지 없을지 가능성을 탐색합니다. '되고 싶은 나'를 구성하는 요소들을 하나둘 꼽아보지만 그 또한 추상적인 관념의 집합입니다. 그러나 롤 모델은 피와 살과 뼈를 가진 사람이고, 구체적인 시공간에서 숨 쉬고 소리 내고 움직이는 진짜 사람입니다. 그에게 영감을 얻어 나의 바람을 현실화할 연결 고리를 찾습니다. 그의 삶이 내가 가고 싶은 모습인지, 되고 싶은 모습에 어떻게 다다를지 생각합니다. '소망의 거울'을 본다고 해서 소망이 현실이 되지는 않으므로, 소망을 실현할 방법을 찾기 위해 롤 모델을 눈여겨봅니다. 그에게 어떤 특성이 있는지, 어떤 경로로 자신의 여정을 만들었는지 관찰하면서 나에 맞게 변형하여 내 삶을 고안합니다.

롤 모델에게 닮고 싶은 점에는 삶의 자세와 태도, 성품, 말하는 스타일, 자녀를 대하는 모습 등이 나옵니다. 한 사람이 완전체로서 모든 면을 갖기보다는 여러 사람의 각각의 모습으로부터 내가 되고 싶은 삶의 조각들을 찾습니다. 그들이 가진 삶의 조각으로 퍼즐을 맞추듯 내 삶의 그림을 구성합니다. 내가 방향 감각을 잃고 헤맬 때 그들은 등대 같은 불빛이 되어주기도 합니다.

내가 그처럼 되고 싶어도 그와 나는 삶의 맥락이 다릅니다. 살아온 역사도, 살고 있는 환경도, 성격도 다릅니다. 나는 그와 똑같이 할 수 없고, 나는 그가 될 수 없습니다. 그래서 롤 모델과 나의 관계는 '청사진 복사'처럼 그의 삶을 모방하는 게 아니라, 나로 살아가기 위하여 그에게 아이디어를 얻는 '아이디어 확산'에 가깝습니다. 그들의 현재 모습에서 내 삶의 체계를 만들어갈 실마리를 찾는 관계입니다. 그것을 실마리로 하여 내가 원하는 내 모습을 향해 한 걸음씩 걸어갑니다. 영감을 받아 나의 세계를 구체화하고 나의 영토를 하나씩 일궈갑니다.

롤 모델에게 본받고 싶은 면이 자신에게 부족하다는 분들이 많습니다. 알지 못하면 볼 수 없고, 그 요소가 완전히 결핍된 사람은 타인에게 그것을 발견하지 못합니다. 롤 모델에게서 원하는 삶의 조각을 찾았다면, 그 요소는 내면에 잠재되어 있을 뿐, 부재한다고 할 수 없습니다. 내면을 보는 밝은 눈이 그에게 있었습니다. 그래서 롤 모델은 나의 부족함을 상기시키는 존재가 아니라, 숨겨진 능력을 발굴하는 탐지기입니다. 그를 통해서 나를 보지만, 나는 나 자신이 되어갑니다. 이전의 나를 부정하거나 없던 것을 새로 만들어내는 게 아니라, 내 안에서 살겠다는 확신을 갖고 자기 세계를 탐험합니다. '이전의 나'와 '되고 싶은 나'가 더해지면서 '원하는 나'로 나아가는 여정, 파이 나누기가 아니라 파이를 키우는 과정입니다.

자기돌봄 연습

참 재미있게도 한○○ 선생님이 빠지질 않는다. ㅎㅎ 기품 있는 말투와 사람들을 대하는 태도, 자신에 대한 노력을 본받고 싶다.

그리고 예전 7층 할머니가 늘 엘리베이터를 같이 타는 사람들에게 좋은 말, 칭찬을 하셨던 점을 본받고 싶다.

나는 '말'이 참 중요한 것 같은데, 어째 욕쟁이 할머니가 될 것 같은 기분이 든다. 자분자분하게 예쁘고 좋은 말하는 것이 참 좋긴 한데 나이가 들어도 장난스럽고 재미있는 사람이었으면 좋겠다는 생각도 든다.

_5기, 봄바다

BTS. 롤 모델이 아이돌이라고 하면 조금 웃길 수도 있겠지만, 육아하며 엄청난 우울감을 느꼈을 때 이 어린 친구들을 통해서 너무 많은 도움을 받았다. 어린 나이지만 이 친구들이 가지고 있는 삶에 대한 태도, 노력, 열정, 그리고 서로를 위하는 마음과 겸손한 태도까지 너무 많이 배웠다. 나도 저렇게 살아내야겠다고, 내 인생 내가 멋지게 책임지자고, 저 정도로 노력하지 않고 포기하지 말자고 그들을 보며 다짐했다.

_5기, 김미성

4 ___ 삶의 균형

Self Mission 16. 소중한 것

----

① 내 인생에서 소중한 것을 생각나는 대로 적어보세요.

② 소중한 것들에 내 시간을 얼마나 들이고 있는지 생각해보고, 1번의 항목들 옆에 시간을 써보세요.

"우리의 진정한 모습은, 해리, 우리의 능력이 아니라 우리의 선택을 통해 나타나는 거란다."

_조앤 K. 롤링, 『해리포터와 비밀의 방』

　　인간은 사계절의 변화, 태풍, 장마, 가뭄 같은 기상 조건, 식물의 성장 주기, 들짐승의 습성 등 자연의 패턴에 민감하게 대응하며 생존할 수 있었습니다. "만물의 연결 관계를 추적하고, 우연을 가볍게 넘기지 않으며, 규칙을 기억하고 중요도를 할당"했습니다.[47] 패턴은 자연법칙에만 있지 않습니다. 주기적으로 반복되는 일상생활의 패턴은 안전한 삶을 형성하는 근간입니다.

　　개인의 삶에서도 무수한 일이 벌어집니다. 예측한 일도 있었지만 예상치 못한 일도 있었고, 계산 불가능한 일들에 대처하며 삶의 노하우를 축적했습니다. 변화가 발생할 때마다 인과관계를 따져보고 대비책을 고민하였습니다. 집단생활의 의사소통, 인간관계의 패턴을 관찰하며 행동을 조절합니다.

가족 관계는 인간관계의 대표적인 패턴입니다. 배우자와 관계에서 서로 말하는 스타일, 갈등이 생기는 상황, 행동 방식이 있습니다. 그의 어떤 말에 내가 예민한지, 나의 어떤 말에 그가 민감한지, 두 사람이 어떻게 행동하는지 살펴보면, 나와 그의 패턴을 알 수 있습니다. 자녀와의 관계에서도 부모인 나는 특정 방식이나 태도를 고수합니다. 아이의 말이나 행동에 대한 나의 반응이 패턴입니다. 패턴을 인식하면 관계를 어떻게 만들어갈지 방향이 보입니다.

나 자신과의 관계에도 패턴이 반복됩니다. 내가 참을 수 없는 대상, 분노가 유발되는 상황, 감정적으로 격해지는 조건들은 뇌에 새겨진 사고 회로의 작동입니다. 내면에서 부정적 피드백을 유발하는 패턴뿐 아니라 균형 잡힌 삶을 위해 꼭 필요한 요소들도 있습니다. 원하는 삶을 살기 위한 기초인 건강 유지, 삶의 숨구멍으로서 나만의 시간, 나의 시간을 구성하는 행동이나 대상, 내가 하고 싶은 일을 하는 것 등. 이 모든 것을 시행착오를 거치며 깨달았습니다. 일상에서 반복되는 일들과 예기치 못한 일들을 겪으며 어떻게 패턴을 유지하는 것이 나에게 안전한지 알게 되었습니다.

열여섯 번째 셀프 미션 '소중한 것'에서는 안정된 삶을 영위하기 위해 필수적인 요소들을 정리합니다. 이성적으로 판단하지 않아도 몸과 마음은 무엇이 불가결한지 느낍니다. 직관적으로 중요하다고 느껴지는 것들이 나를 구성하는 본질입니다. 삶의 역사가 켜켜이 쌓이며 무엇이 결핍되면 힘든지, 어떤 욕구가 충족되어야 편안한지, 무엇을 하지 않으면 불안한지 알게 되었습니다. 이런 경험을 통해 패턴을 인식하여 안정적으로 유지하는 것이 나를 지키는 일입니다. 소중한 사람과 함께할 때, 소중한 일을 할 때, 소중한 행위를 할 때, 소중한 대상을 향유할 때 나답다고 느낍니다. 오늘 미션에서는 과거와 현재를 통틀어 보았을 때 나로서 존재한다고 느껴지는 행동이나 대상을 찾습니다.

소중한 그 무엇을 할 때 행복감만 느끼지는 않습니다. 아이를 사랑하는 행위는 기쁨과 동시에 노동과 눈물을 수반합니다. 내가 원하는 일을 할 때도 무수한 도전이 동반됩니다. 때로 압박감과 책임감에 숨이 막힙니다. 그럼에도 불구하고 그것을 견디는 이유는, 내 삶에 중요한 의미가 있고 나를 살게 하는 힘이기 때문입니다. 소중한 것들은 '내가 선택해서 내 것이 된 것들'[48]이고 지금의 나를 만들었습니다. 결과가 좋았는지 나빴는지보다 내가 그것을 선택하였다는 사실이 더 중요합니다. 덤블도어가 해리포터에게 하는 말처럼, 우리의 진정한 모습은 선택을 통해 나타나고, 선택이 유발한 것을 감당하는 과정에서 삶이 깊어집니다.

두 번째 질문인 소중한 것들에 시간을 얼마나 쓰고 있는지는 시간이라는 유한한 자원을 어떻게 배분할지의 문제입니다. 지구의 생명체는 수십억 년의 진화를 거쳐 현재에 이르렀습니다. 진화의 역사는 우리로서는 가늠할 수 없는, 엄청난 양의 시간이 있어서 가능했습니다. 자연과 달리 길어야 80년, 100년을 살아가는 우리에게 시간은 제한되어 있습니다. 24시간짜리 하루를 사는 우리가 원하는 것을 하기 위해서는 시간을 나눠야 합니다. 내가 시간을 사용하는 패턴을 확인하여 중요도를 할당하고, 시간과 에너지를 어떻게 사용할지 결정합니다.

오늘 셀프 미션의 목적은 내 삶의 패턴에 따라 소중한 것을 선택하고 우선순위를 인식하기 위함입니다. 삶의 여정에서 우선순위는 계속 바뀔 터입니다. 시간을 할애하는 기준이 달라져서 우선순위를 지키지 못했습니다. 우선순위가 변했을 때 그 선택이 나에게 어떤 의미가 있는지 알아차리는 일이 자책보다 낫습니다. 선택이 바뀔 때는 새로운 방향이 요구되거나 위험 요인에 대한 견제가 필요했을지 모릅니다. 자책은 나를 무너뜨리지만, 그때 내 선택을 존중하는 일이 나를 지탱합니다. '내 인생의 소중한 것들'에는 무엇보다 내가 포함되어 있고, 나를 소중히 여기는 마음이 나를 강하게 만듭니다.

자기돌봄 연습

- [ ] 내 몸과 마음의 건강
- [ ] 남편과 여가 시간 보내기
- [ ] 아이와 무한 사랑 주고받기
- [ ] 혼자 조용히 독서
- [ ] 독서 모임
- [ ] 소중한 내 지인들과의 만남 및 챙김
- [ ] 내가 하고 싶은 일하기 (직장)
- [ ] 원하는 것 공부하기
- [ ] 음악 듣기, 라디오 듣기
- [ ] 동해 보러 가기 or 고향 가기

_2기, 둘루랄랑

- [ ] 몸 건강
- [ ] 마음 건강
- [ ] 독서, 글쓰기
- [ ] 친밀한 가족 관계
- [ ] 감사하는 마음
- [ ] 여가 활동
- [ ] 좋아하는 사람들과의 교제
- [ ] 가정 경제
- [ ] 나 (있는 그대로의 나를 받아주려 노력함, 내 노고를 알아주려 함)

_3기, 꾸준히

Self Mission 17. 나의 스트레스

----

① 요즘 스트레스 받고 있는 것을 적어보세요.
   - 구체적으로 어떤 상황인지(관찰), 그 상황에서 나는 어떤 감정을 느꼈는지(느낌), 무엇을 원하는지(욕구) 기록합니다.

② 이 스트레스에 대해 내가 할 수 있는 것(I can)과 할 수 없는 것(I can't)을 구분하고, 할 수 있는 것에 대해 내가 할 일(what I do)을 적어보세요.

생각은 멈추지 않는 마음의 경련 같다. 너무 불편해서 참을 수 없지만 무시하기에는 너무 강력하다.

_매트 헤이그, 『미드나잇 라이브러리』

스트레스는 '무언가 강한 요구를 당할 때의 심신 반응, 너무 많은 일을 짧은 시간 안에 해야 할 때의 쫓기는 기분, 극심한 압박감, **감정적으로 불편하고 심신의 조율이 헝클어져서** 분노, 짜증, 좌절, 불안, 무기력, 절망 등을 느끼는 상태'[49]를 말합니다. 스트레스를 받으면 감정적으로 불안정해지며, 스트레스가 지속되면 신체적으로도 이상 반응이 나타납니다. 스트레스 상태에서는 부정적 감정이 올라와 부정적 생각을 낳습니다. 심화되는 부정적 감정은 바위의 이끼처럼 들러붙어 잘 떨어지지 않습니다. 감정과 생각이 꼬리를 물고 이어지는 악순환의 고리는 강력하지만 사실에 근거하지 않습니다. 스트레스를 일으킨 객관적 상황은 사실로서 존재하(할 수 있)지만, 내면에서 일어나는 부정적 사고는 진실과 무관합니다.

무슨 일이 언제 어떻게 일어났는지, 그때 내가 어떤 감정을 느꼈는지, 그 감정을 느낄 때 내 몸은 어땠는지가 사실입니다. 충족하고 싶은 욕구가 좌절될 때, 간절한 바람이 실현되지 않을 때 스트레스가 발생합니다. 스트레스 상태에서는 신체적으로나 심리적으로 긴장해서 터널에 들어간 듯 시야가 좁아집니다. 이럴 때는 사실을 인식하는 것이 중요합니다. 무슨 일이었고 그 일이 나에게 무엇을 유발하였는지 파악합니다. 구체적인 감정, 떠오르는 생각들, 그 일로 인해 무엇이 초래되었는지 호흡을 가다듬으며 살핍니다. 한 가지 생각에 깊이 빠져들면 못 보는 것들이 생기므로, 위에서 내려다보듯이 전체 속에서 나를 보려고 노력합니다.

육아를 위해 직장을 그만두고 몇 년을 보내다가 다시 일하고 싶은 마음이 생기면서 스트레스를 받습니다. 일을 통해 커리어를 지속하고 돈도 벌고 싶습니다. 이전에 하던 일을 계속할지, 새로운 일을 찾아야 할지 고민합니다. 경력과 나이를 고려하면 할 수 있는 일은 제한되어 있습니다. 일하고 싶어도 하지 못하는 사정에 스트레스가 올라옵니다. 퇴사를 결정했던 것이 후회되고, 혼자서 육아에 집중할 수밖에 없는 형편이 억울하고, 내 커리어는 이렇게 끝나는 건가 싶어 불안하고, 더 열심히 일을 찾고 경력을 개발했어야 하는데 게을

렀었나 낙담하고, 하던 일에서 손을 놓은 지 오래되어서 일에 대한 자존감이 떨어지는 느낌이고, 내가 과연 할 수 있을지 걱정도 됩니다. 자동 반응처럼 부정적 피드백의 순환에 빠져듭니다.

　이때 잠시 멈추어 나의 스트레스를 조망합니다. 우리 시대에 '일'이 놓인 환경은 4차 산업혁명 시대로, 기존 일자리도 재편되고 있습니다. 산업 구조가 급격히 변화하면서 시장 수요가 높은 직무와 시장 수요가 낮은 직무는 일자리 여건이 전혀 다릅니다. 업무 특성에 따라 이전에 하던 일을 계속할 수도 있지만, 그렇지 않은 일도 많습니다. 내가 무능해서 일자리를 구하지 못한다고 속단하면 안 되는 이유입니다.

　육아 기간 동안 어떤 역량이 생겼는지 찬찬히 살펴보면 일에 대한 자존감을 우려하지 않아도 됩니다. 퇴사 기간이 길어져 일시적으로 업무 기술이 줄었을지 모르지만, 육아를 통해 공감 능력, 리더십, 우선순위 결정 역량을 키웠습니다. 부모들은 아이를 키우며 시간과 자원을 최적화하고 변화하는 상황에 맞춰 수시로 목표와 우선순위를 재조정합니다. 이 과정에서 멀티태스킹 능력과 문제 해결 능력이 생깁니다. 자녀를 양육하며 공감력과 커뮤니케이션 스킬, 사람의 성장을 돕는 리더십 역량을 기릅니다.[50] 일에 복귀하였을 때 현장에 적응하는 시간이 걸릴 뿐, 육아를 통해 습득된 역량은 조직의 발전과 생산성 향상에 필수적이며 사회적 자산이기도 합니다.

　내가 게을렀을지 모른다는 의심도 사실이 아닙니다. 전업 육아와 일 병행 육아의 대차대조표를 써보면 양쪽 다 득과 실이 있습니다.

아이를 키우고 가정을 돌보는 일은 끝없는 노동의 연속이고, 나의 돌봄노동이 있었기에 아이가 잘 자라고 그가 일에 집중할 수 있었습니다. 그(녀)는 놀았던 게 아니라 가정을 지키고 있었습니다.

　스트레스가 올 때는 내 몸과 마음에 대한 민감성을 높여 스트레스가 나에게 무엇을 초래하는지 확인하고, 자동 재생되는 생각이 사실에 근거한 것인지 아닌지 따져봅니다. 스트레스가 심해지면 문제에 매달려서 부정적 감정을 사실로 오인하거나 자책하기 쉽습니다. 부정적 감정은 나를 돌봐주라는 신호이므로, 절망과 고통이 나에게 하는 말을 듣고 내가 간절히 원했던 것을 돌이켜 생각합니다. '문제'라는 협소한 구멍에서 빠져나와 보는 자리를 바꿉니다. 이루지 못했거나 할 수 없는 측면만 보던 관점에서 벗어나 그동안 내가 노력하여 무엇을 얻었는지 파악합니다. 내가 육아를 위해 일을 그만두기로 했던 선택, 육아의 여정에서 얻은 것과 잃은 것, 이 시대에 육아와 (여성의) 일이 위치한 맥락, 다시 일하고 싶어진 지금 무엇부터 시작할지 점검합니다. 문제에 직면하여 상황을 명료히 인식하면, 스트레스를 해결하기 위해 무엇을 해야 할지가 보입니다. 내가 무엇을 원하는지 알아차리고 지금 할 수 있는 것을 찾습니다.
　우리가 좌절할 때는 무엇을 해야 할지 모를 때와 아무것도 할 수 없다고 성급히 단정할 때입니다. 하나씩 행동하여 하나씩 일궈온 삶에서 할 수 있는 게 없다는 느낌은 무력감을 낳고 존재가 사라지는 듯 고통스럽습니다. '할 수 없다'는 생각은 강력하고 강력해서 실제처럼 느껴지지만 사실이 아닙니다. 지금 내가 서 있는 자리에서 한 발짝 물러납니다. 외적 거리를 확보하여 매의 눈으로 전체를 내려다보고, 개미의 눈으로 내면을 들여다봅니다. 모호한 것들의 윤곽이 서서히 드러나면서 할 수 있는 것과 할 수 없는 것이 눈에 들어옵니다. 할 수 있는 한 가지를 찾아내어, 미세하더라도 그것을 행동하기 시작합니다. 할 수 없는 것은 내 것이 아닙니다. 할 수 있는 것에 온전히 집중할 때 주체는 거기서부터 회복되고 자신의 지경을 넓힐 수 있습니다.

우리는 선형성(linearity)을 좋아합니다. 입력값과 출력값이 비례하길 바랍니다. 수학이 아름다운 건 아무리 어려운 문제라도 풀이 과정이 분명하고 답이 명확하기 때문입니다. 나 자신과 나를 둘러싼 세계가 복잡하게 상호작용하는 삶에서는 비선형성이 더 빈번합니다. 원인과 결과가 비례하지 않는 현실을 자주 만납니다.

셀프 미션의 마지막 주제인 〈삶의 균형〉에서 스트레스를 다루는 이유는 삶의 여정에서 스트레스가 자연스럽기 때문입니다. 스트레스가 불가피하다면 어떻게 소화할지가 더 중요할 터입니다. 지금 침울하거나 참담하다고 해서 현재의 감정으로 다가올 시간을 속단하지 않습니다. 나는 문제보다 크므로 문제에 짓눌리지 않습니다. 일상의 골칫거리 같은 사소한 일이든, 상실, 이별, 죽음과 같은 삶의 커다란 사건이든, 몸과 마음을 돌보아 스트레스를 감당하는 내면의 힘을 키웁니다. 어떤 문제는 불행의 늪을 건너 그 시간을 통과해야만 하므로, 그 늪을 온전히 견딥니다.

　"우리는 길을 잃고서야, 즉 세상을 잃어버리고 난 후에야 자신을 발견하기 시작하고, 우리가 어디에 있는지, 우리의 관계가 얼마나 무한한지를 깨닫"[51]습니다. 스트레스는 고통스럽지만, 스트레스를 살아내며 내기 몰랐던 나를 만납니다. 절망의 강을 건너왔기에 지금의 내가 있습니다. 내 삶이 나의 증거입니다. 척박하더라도 희망을 감행하며 새로운 가능성을 찾아나섭니다.

☐ 남편의 시간적 여유 : 아이와 시간을 더 보내고 싶은 마음. 신랑의 스케줄을 조정해서 조금씩 늘리고 있다. 아이로서는 아마도 부족하게 느껴지겠지만, 신랑으로서는 최선을 다하고 있다.

☐ 내 일을 다시 하는 것 : 아이를 케어하는 문제, 신랑과의 시간적인 합의 등등 조율해야 할 부분들이 생길 것이다. 지금으로서는 내가 내 일을 언제 가능, 꼭 하겠다는 의지를 갖고 있는 것만으로도 Good!!!

I can	I can't	What I do
☐ 시간 활용하기 ☐ 현실적으로 어려운 상황을 인정하기 ☐ 일 준비 : 마음의 준비가 제일 큰 문제인 것 같다. ☐ 지금처럼 계속 활동을 유지하며 워밍업 시키는 것 (체력적으로 중요한 문제가 될 것이라 생각)	☐ 신랑의 정해진 스케줄	☐ 너무 타이트하면 내가 심리적으로 힘이 드는 느낌이다. ☐ 여유 시간을 조금씩 가지되 오전 시간을 지금처럼 활용하기 ☐ 건강에 필요한 운동을 하자. 해야만 한다!

_1기, 반짝

자기돌봄 연습

- [ ] 코로나 때문에 아이와 계속 집에 있는 것. 내가 해야 될 일을 반 정도밖에 할 수 없다. 아이의 컨디션에 하루 일과가 영향을 많이 받는다.
- [ ] 혼자서 책도 보고 조용히 쉬고 싶다.
- [ ] 코로나 상황이 계속되는데 오늘 같은 날은 흥이 나지 않는다. 나도 쉬고 싶다. 짜증이 올라왔다가 결국 내 감정을 컨트롤 못한 것 같아 아이에게 미안하고 자책하게 된다.

I can	I can't	What I do
☐ 코로나 사태에 불안감 키우지 않기 ☐ 내 감정 자꾸 들여다보기 ☐ 나를 토닥여주기 ☐ 너무 힘 빼지 않기 ☐ 다 잘하려고 하지 않고 도움 청하기	☐ 코로나 사태 ☐ 유치원 개원 ☐ 아이의 감정 ☐ 완벽한 계획	☐ 뉴스만 보고 있지 않기 ☐ 때로 밥 시켜 먹기 ☐ 남편과 동생에게 도움 청하기 ☐ 집 너무 깨끗이 치우지 않기 ☐ 틈틈이 책 읽기 ☐ 계획을 세우되 다 하려고 하지 않기

_5기, 김미성

Self Mission 18. 나의 꿈

----

① 지금까지 작성한 셀프 미션을 읽어보세요. 어떤 느낌이 드나요?

② 당신의 꿈(들)은 무엇인가요? 꿈이 이뤄졌을 때 어떤 느낌일지 상상해보세요.

사람은 최종 목적지만 보고 달리는 자율주행 자동차 따위가 아니잖아요. 직접 시동을 걸고 엑셀을 밟고 가끔 브레이크를 걸면서 살아가는 방법을 터득해야 제맛이죠.

_이미예, 『달러구트 꿈 백화점』

점프하기 위해서는 무릎을 구부려서 몸의 중심을 아래로 낮췄다가 내려간 힘의 반동을 이용해 발로 바닥을 치면서 구부린 다리를 펴고 몸을 위로 쭉 뻗으며 올라갑니다. 위로 튼튼하게 올라가는 식물들일수록 뿌리도 그만큼 단단하게 땅속으로 굵게 내려갑니다. 겨울 산은 초록이 사라지고 나무들은 말라 생명이 사라진 것처럼 공허해 보이지만, 땅속과 나무들 속 깊이 물기가 잠겨서 맑고 차가운 기운으로 가득 찹니다. 겨울나무는 모든 잎을 떨구고 줄기와 가지를 온전히 드러내 앙상하지만, 겨울을 견디고 봄이 되면 연둣빛 새싹이 기운차게 돋아납니다. 봄 산의 물씬거림[52]과 향기로움은 겨울의 고요 속에 모든 것을 비워낸 후 다시 채워지는 과정의 기쁨이자 활력입니다.

나의 꿈을 세우기에 앞서 열일곱 번의 셀프 미션 기록을 살펴보는 것은 멈추고 돌아보기 위해서입니다. 겨울의 멈춤이 있어야 봄과 여름의 신록이 있듯이, 뿌리를 내려야 땅 위로 자랄 수 있듯이, 몸을 낮춰야 위로 뛰어오를 수 있듯이, 우리들 각자의 꿈으로 한 걸음 내딛기 위하여 걸어온 발자국을 되짚어봅니다. 복기(復棋)가 한 번 두었던 바둑을 처음부터 다시 둠으로써 평가하고 반성하기 위해서라면, 지난 셀프 미션을 돌아봄으로써 잘 몰랐던 나에 대해, 내가 어떤 사람인지에 대해 정리합니다. 나에 대한 앎의 시간을 통해 다른 사람이 본 내가 아니라 내가 본 나, 다른 사람의 목소리가 아닌 나의 목소리로 나를 만납니다. 정성껏 작성한 기록은 나의 언어로 쓰인 나의 서사입니다.

지난 셀프 미션을 돌아보았을 때 내가 "생각보다 긍정적인 삶을 살고" 있고, "생각보다 괜찮은 사람이라는 감사한 마음"이 들고, "평소에는 알지 못했던" 자신을 발견하고, 내 안의 갈등과 스트레스가 정리되고, "지치고 피곤하여 평온이 필요"하고 무엇이 잘되고 잘되지 않는지 깨닫습니다. 어떤 모습이건 자신을 이해하게 된 것은 소중한 수확입니다. 다른 사람보다 자신을 잘 아는 것이 훨씬 어려운 일이기 때문입니다. 내가 누구인지 자각하면, 타인의 시선이 아니라 나의 시각으로 스스로를 바라보기 시작합니다.

두 번째 질문에서는 나에 대한 앎을 기반으로 내 꿈을 적습니다.

여기서 꿈은 객관적인 인생 목표도, 거창하고 원대한 꿈도 아닙니다. 세상에서 중요하다는 것이 나에게 의미가 없다면 그것은 내 꿈이 아닙니다. 자신의 인생을 이해하지 못한 채 내면적 시각이 결여되어 있다면 그 꿈은 언젠가 공허해집니다. 열여덟 번째 셀프 미션에서 적어보는 '나의 꿈'은 내 마음이 움직이는 일입니다. 자신의 삶에서 없어선 안 될 소중한 것들이 꿈을 구성합니다.

가족의 화목과 건강, 평안을 꿈꿉니다. 부모나 아내, 남편과 같은 역할은 단지 주어진 것이 아니라 선택하여 내 것이 되었고, 나의 현재를 구성하는 중요한 요소임을 알기 때문입니다. 한 사람으로서 스스로를 사랑하며, 좋아하는 일을 찾아 성실하게 하고, 누군가에게 선한 영향력을 끼치며 나이 들기를 꿈꿉니다. 현재가 고단하고 분주하다면, 시간에 쫓기지 않고 여유롭기를, 언젠가 독립적이고 자유롭게 살기를 꿈꿉니다.

꿈의 조각들은 현재와 미래 속에서 자라납니다. 지금 나의 정체성을 구현할 뿐 아니라 앞으로 나아가고 싶은 방향, 지향하는 정체성을 담고 있습니다. 꿈은 먼 미래를 상상하는 일이고, 현재의 내가 가고 싶은 곳에 당도하였을 때의 모습입니다. 하지만 꿈은 결과가 아니라 그곳을 향해 움직이는 과정을 통해 실체가 됩니다. 현재의 연장선상에서 행동이 축적되며 존재가 바뀌어가는 과정입니다. 정체되지 않고 방향성을 따라 꾸준히 변화하는 여정입니다.

우리가 사는 곳은 진공 상태가 아니므로, 종종 꿈을 망각합니다. 그래도 괜찮습니다. 적어놓은 꿈들은 일상에 치이거나 파도에 흔들릴 때, 내가 지금 어디에 있는지, 도대체 무엇을 하고 있는지 알려주는 좌표가 되어줍니다. 꿈을 되새기는 시간이 내 시간의 의미를 말해주므로, 자기 회의에 빠지지 않고 현재에 주의를 기울이도록 도울 것입니다.

생의 흐름 속에서 간절했던 바람이 더 이상 간절하지 않게 바뀌기도 합니다. 출산 전에 했던 일을 다시 하길 갈망하던 시기를 지나 이제 다른 꿈이 생겨납니다. 내 상황과 여건, 가치와 기준, 몸과 체력이 변하며 새로운 소망이 생겨납니다. 꿈은 불변하는 목적이 아닙니다. 우리는 불확실성의 세계를 살고, 변수를 차단하려고 전전긍긍할수록 불안이 심화됩니다. 꿈의 내용이 바뀌는 것은 전환(transition)이 필요해서이고, 변화는 자연스럽습니다. 과거에 중요했으나 이제 중요하지 않다면, 지금 의미 있는 것들로 방향을 변경합니다. 나에게 일어난 변화를 수용하고 선택을 바꾸며 '되고 싶은' 내가 되기 위해 최선을 다할 뿐입니다.

무엇을 이룰 것인가 만큼이나 어떻게 이룰 것인가도 중요합니다. 어떤 과정을 통해, 어떤 수단을 활용하여 목적을 달성하는지가 결과 이상으로 의미가 있습니다. 우리는 현재를 담보로 먼 미래의 성공을 추구하기보다 현재를 차곡차곡 쌓으면서 경험하는 과정을 소중히 여깁니다. 행복한 삶에는 행복의 크기보다 행복을 얼마나 자주 느끼는가, 즉 빈도가 더 영향을 미칩니다(Happiness is the frequency, not the intensity, of positive affect).[53] 행복 또한 목표의 달성이나 타인에게 보이는 외적 결과만이 아니라 긍정 정서(pleasant emotions)를 수시로 느끼는 데서 얻어지는 과정적 가치입니다.

두 번째 질문에서 꿈이 이뤄졌을 때 어떤 느낌일지 상상하는 이유는 현재와 미래가 분리되어 있지 않기 때문입니다. 꿈은 오로지 미래에만 충족되는 욕구가 아닙니다. 삶의 여정에서 우리는 기쁨과 슬픔, 희망과 절망, 환희와 분노, 설렘과 두려움 같은 다양한 감정을 수시로 만날 터입니다. 꿈의 결과가 나왔을 때의 감격, 만족, 감사, 흥분은 현재에도 느낄 수 있습니다. 현재에서 미래로 걷는 길은 거칠고 울퉁불퉁한 비포장도로일지 모릅니다. 소망하는 미래를 상상했을 때 느껴지는 생생한 감정들을 일상에서 자주 만날 수 있다면, 그 길은 더 부드러워질 것입니다.

자기돌봄 연습

[지난 셀프 미션을 읽어본 느낌]

이렇게 내 자신을 돌아보는 시간을 매일 10분이라도 가질 수 있어서 좋다. 내가 하는 생각, 느끼는 감정, 느낌 그리고 알지 못했던 욕구들…… 찬찬히 들여다보고, 생각하고 정리해서 글로 쓰는 시간이 소중했다. 나에게 이런 욕구가 있었구나, 나는 이런 가치를 가지고 사는 사람이었구나…… 평소에는 알지 못했던 내 자신을 발견할 수 있어서 좋았다.

_4기, J.

[나의 꿈]

☐ 콘텐츠를 기획해서 선한 영향력을 미치는 힘을 가진 사람이 되고 싶다. 사회 전체적으로 (개개인을 봤을 때는 더) 어둡고 무거운 분위기인데, 조금이나마 나로 인해 빛이 스며들게 되길 원한다. 유머, 공감, 위로를 키워드로 무언가를 만들고 싶다.

☐ 우리 가족 모두 몸과 마음 건강하기

☐ 믿음의 가정으로 세워지길

☐ 아이가 바르게 잘 성장해서 사회에 필요한 일들을 잘 수행해나갔으면 좋겠고, 나중에 엄마 아빠 덕분에 잘 성장할 수 있었다고 감사하다고 말해줬으면 좋겠다.

_2기, 꾸준히

Self Mission 19. 액션 플랜

① 앞으로 어떻게 하고 싶은가요? 앞으로 6개월 동안 이루고 싶은 것 5가지를 적어보세요.

② 5가지의 과제를 실현하기 위해 구체적으로 무엇을 할지 행동 계획 (action plan)을 세워보세요.

인류는 그렇게 진보한다. 우리가 이해하고 있는 것 이상의 뭔가를 만들고 만들어왔다. 우리가 열역학을 이해하기 전에, 증기 기관은 이미 동작했다. 면역체계의 원리를 알기 전에, 백신이 먼저 개발되었다. 공기 역학의 지식에 빈틈이 많지만, 비행기는 오늘날까지 계속 날고 있다. 실제 사용이 이론을 앞서갈 때, 그 속에 담겨 있던 뜻밖의 수학 원리가 등장하곤 한다.

_매트 파커, 「험블 파이」

우리는 2초마다 한 가지 이상의 생각을 합니다.[54] 잠자는 시간을 제외하면 깨어 있는 내내 쉬지 않고 생각하니, 생각은 자동차보다 빠르게 움직인다고 할 수 있습니다. 행동은 생각처럼 빠르지 않습니다. 우리가 하루 동안 하는 행동을 돌아보면, 그것을 하는 데는 절대적으로 시간이 필요합니다. 쌀을 씻어서 밥을 하는 일, 빨래를 세탁기에 넣고 세탁기가 돌아간 후 건조대에 너는 일, 집 안을 청소하는 일 등은 끝날 때까지 몸을 움직여야 합니다. 회사의 프로젝트도 마찬가지입니다. 아이디어가 현실이 되기 위해서는 매일매일 여러 사람의 행동이 모여야 합니다.

원하는 일을 과제로 뽑고 액션 플랜을 만드는 이유는 몸과 마음을 움직여 시간을 들여야만 현실이 되기 때문입니다. 생각을 해야 미래를 상상할 수 있지만, 생각만으로 변화를 만들 순 없습니다. 계획이 물성을 가진 실체가 되기 위해서는 구체적으로 행동하는 과정이 필요합니다. 도보 여행에서는 목적지에 도달할 때까지 한 걸음씩 발을 내딛는 동작을 반복합니다. 두 다리와 팔을 움직이며 땅 위를 이동하고 눈과 귀 등 모든 감각으로 주변 풍경을 보고 소리를 듣고 냄새 맡으며 공간을 직접 느낍니다. 우리가 꿈 혹은 미래를 향해 나아가는 여정 또한 걷기와 비슷합니다. 온몸을 움직여 그 일을 하나씩 해가는 과정을 거듭합니다.

이러한 여정은 드라마나 영화처럼 빠르게 전개되거나 쉽게 결말에 도달하지 않습니다. 완독을 목표로 한 책 읽기는 첫 페이지부터 마지막 페이지까지 페이지마다 빼곡히 채워져 있는 활자들을 한 글자 한 글자 읽어야 합니다. 문자와 기호의 의미를 얼마나 이해하였는지와 별개로 책의 모든 페이지를 넘기는 일을 시간을 들여 되풀이합니다. 책을 손에 들고 시선을 책장에 고정하여 한 줄씩 읽어갑니다. 책 소개 영상을 보면 책의 요점을 신속하게 파악할 수 있지만, 시선을 붙드는 문장을 만나거나 작가의 경험과 내 경험이 만나 화학작용이 일어나는 순간을 경험할 수는 없습니다. 눈으로 읽고 마음으로 느끼는 과정이 차곡차곡 쌓였을 때 책을 만나는 기쁨을 느낄 수 있습니다.

　지금의 자잘한 행동들은 눈에 확 뜨이지 않습니다. 표시도 나지 않는 사소한 일들이 계속됩니다. 원하는 것이 실현되는 과정은 드라마틱하지 않으며 점진적인 개선이 있을 뿐입니다. 세상은 가시적인 결과에 주목하지만, 변화는 보이지 않는 노력의 시간이 쌓이고 쌓여서 생깁니다. 더디지만 불변은 아닙니다. 얼음이 녹으려면 0도가 되어야 하고, 물이 수증기가 되려면 100도가 되어야 합니다. 온도가 올라가고 있어도 0도가 되기 전엔 얼음이 녹지 않고 100도가 되기 전엔 수증기가 생기지 않습니다. 임계점에 도달할 때까지 미세한 변화가 지속되어 전환이 일어납니다. 그 시간을 견디는 힘은 희망하기에서 나옵니다.

　우리가 상상하기를 멈추지 않는 한 희망의 대상은 항상 거기에 있습니다. 현실이 불행하다고 해서 없어지지 않고 우리가 꿈꾸기를 그만둘 때 사라집니다. 현재는 과거와 미래 사이에 있고, 우리는 과거와 미래의 경계선 위에서 살아갑니다. 경계선 위에서 과거의 정체성으로 되돌아갈 수도, 미래의 정체성을 만들 수도 있습니다. 시간은 과거에서 미래로 흐르고 시간의 내용을 무엇으로 채울지는 우리가 결정합니다. 그래서 현재는 가능성의 상태입니다.

　열아홉 번째 셀프 미션에서 앞으로 어떻게 할지 행동 계획을 짜는 것은 현재의 가능성을 무엇으로 충전할지 고민하는 작업입니다.

내가 원하는 미래를 현재로 데려오기 위해 구체적인 행동을 구상합니다. 과거만 기억하는 것이 아니라 미래도 기억하여, 작은 행동으로 현재와 미래를 연결합니다.

'미래를 생각한다'는 말에는 꿈이 이뤄지길 바라는 주체의 희망이 담겨 있습니다. 바라지 않는다면 꿈꾸지도 않을 터입니다. 실패의 기억, 과거의 상처, 현재의 고단함이 미래를 상상할 기력을 떨어뜨릴 뿐, 누구나 마음 깊은 곳에 간절한 바람 하나씩 품고 살아갑니다. 사람의 직관은 눈에 보이는 현재에 머무르지만, 인간의 역사는 직관을 넘어서는 일들을 시도했다가 실패한 기록들로 가득 차 있습니다. 결과를 예상하였으나 기대와 달랐던 일들은 차고 넘치며, 기대와 결과가 달라진 지점에서 다시 시작하였습니다.

수십억 년에 걸친 진화의 역사는 시행착오(trial and error)를 반복해왔습니다. 자연 선택에 의한 진화는 유전물질의 무작위 조합과 변이가 일어나는 과정입니다. 생존에 유리한 형질은 계승되고 적응에 실패한 변이는 사라졌습니다. 셀 수 없이 많은 시행(trial)을 했고 그만큼의 착오(error)가 있었으나, 언젠가 좋은 결과가 나오리라는 희망을 가지고 끊임없이 시도하며 현재에 이르렀습니다.[55] 우리는 지금 성공한 결과를 보지만, 진화는 성공한 변화만이 아니라 실패해도 다시 시도하기를 포기하지 않은, 실패의 역사이기도 합니다.

과학 기술의 발달 또한 그러합니다. 다리(bridge)를 예로 들면, 다리는 분리되어 있는 두 지역을 연결하며 공중에 떠 있습니다. 다리를 세우고 유지하는 데는 첨단의 과학 지식이 요구됩니다. 다리는 건너는 사람과 차량(열차), 화물의 하중을 견뎌야 하므로 설계 단계부터 선행 사례 조사, 공학적 지식, 수학 및 물리학 이론 등이 광범위하게 동원됩니다. 안전을 위해 철저한 계산과 공정에 따라 건설됩니다. 그러나 예상치 못한 실수와 사고들은 종종 발생했습니다.

토목공학의 재난 사례를 말할 때 다리가 빠지는 법이 없습니다. 인간은 숱하게 많은 다리를 만들어왔고 그 시간은 한계에 도전해온 역사이기도 합니다. 다리가 흔들리고 무너지고 뒤틀리는 사고가 일어났고, 사고 원인을 면밀히 분석하는 과정에서 전에는 몰랐던 과학 원리를 알게 되었습니다. 새로운 것을 학습하여 관련 규제와 규정이 개선되고, 설계 과정에서 고심해야 할 목록이 추가됩니다. 실제 사용이 이론을 앞서가고, 우리가 전부 이해하지도 못한 채 뭔가를 만들고 사용합니다. 불상사가 일어나지 않도록 노력하지만, 문제가 발생하면 그 문제를 해결하고 오류에서 배우며 발전해왔습니다.[56]

미래, 희망, 꿈은 이루어지길 바라는 마음을 전제로 하지만, 완벽한 계획은 불가능에 가깝습니다. 시행착오를 무한 반복해온 진화의 역사나 실수를 개선하며 진보해온 과학 기술의 역사가 말해주듯, 실패와 오류는 불가피한 과정입니다. 정답을 알지 못해도 시도하면서 나아갑니다. 미래를 꿈꾸는 것이 나의 지도를 그리는 일이라면, 행동 계획은 미래에 도달하기 위한 경로를 설정하는 일입니다. 최선을 다했음에도 불구하고 내가 그린 지도나 세부 경로가 잘못되었음을 깨달을 때 우리는 취약해집니다. 결과가 기대에 미치지 못할 때 좌절합니다. 하지만 머릿속으로 생각한 것과 실제로 해본 것은 다르기 마련이고, 그 과정에서 몸으로 한 경험은 온전히 내 것입니다. 설령 실패하더라도 지금까지 행동한 모든 것이 자신의 성취입니다. 취약함을 외면하지 않고 인정하면서, 어디까지 왔고 어디로 가고 싶은지 확인한 후 경로를 재설정하여 다시 길을 갑니다.

꿈은 명사라기보다 동사입니다. 꿈을 이루기 위한 행위와 꿈을 실천하겠다는 의지를 포함하기 때문입니다. 실행의 과정에서 만나는 비관도 절망도 실패도 모두 꿈의 일부입니다. 보행(步行)이 땅을 소유하는 것이 아니라 땅을 경험하는 일[57]인 것처럼, 꿈은 온몸으로 행동하며 미래를 경험하는 과정입니다. 사소한 진전과 퇴보, 아무 차이가 없어 보이더라도 작은 행동을 반복하며 원하는 길을 계속해서 걸어가는 과정의 연속입니다.

비우기, 정리하기

☐ 옷장 정리하고 비우기 : 계속 마음만 있을 뿐 실행에 옮기지 못한 나의 오래된 과제. 새해에는, 아니 올해가 가기 전에 꼭 하고 싶다.

☐ 부엌살림 정리하기 : 안 쓰는 주방용품 버리기

☐ 책 정리 : 아이들 책, 어른 책, 소장 가치가 있는/없는 책으로 분류하여 버릴 책은 버리고 중고시장에 팔 만한 책은 팔기

☐ 내 마음 정리 : 어떤 이에 대한 오래 묵은 감정 정리하고 버리기

다시 종교 찾기

☐ 오랫동안 냉담했던 성당 다시 나가기

☐ 주일 미사 꼭 나가도록 하기

☐ 기도하기

건강하기

☐ 매일 걷기

☐ 테니스 계속 배우기

☐ 근력 운동하기

☐ 명상하기

아이들 중심이 아닌 부부 중심으로 바꾸기

☐ 육아 시작하면서 대화도 줄어들고, 소원해질 수 있는 남편과 나의 관계를 회복하기

☐ 대화 많이 하고 데이트도 할 것!

끊임없이 배울 것

☐ 새로운 것에 도전하다 보면, 분명 내가 하고 싶은 일을 찾을 것이란 믿음이 생겼다.

_4기, J.

Self Mission 20. 비전 보드

① 지금까지 작성한 셀프 미션 중에서 무엇을 비전 보드에 넣을지 선택합니다.

② 내 비전에 해당하는 이미지(사진)를 찾아서 나만의 비전 보드를 만듭니다.

어느 자리에서도, 어느 시간에서도 희망보다 더 강렬한 것도, 희망보다 더 오래 살아남는 것도 없다.

_황현산, 『황현산의 사소한 부탁』

미래는 눈에 보이지도, 만져지지도 않습니다. 미래의 모습은 머릿속에만 존재하는 추상적인 관념입니다. 비전 보드(vision board)는 자신의 꿈이나 목표와 연관된 이미지를 모아서 붙인 판으로, 상상한 것들의 이미지를 찾아 꿈을 시각화합니다.

집 짓기는 내가 살고 싶은 집에 대한 상상에서 시작됩니다. 어떤 집에서 살고 싶은지, 누구랑 사는지, 이 집에서 무엇이 중요한지, 어떤 분위기를 원하는지, 공간을 어떻게 구성할지 등등을 미리 생각합니다. 아이디어 구상 단계에서 내가 생각했던 집과 비슷한 이미지를 찾고 그걸 참고해서 설계합니다. 여러 설계안 중에서 하나의 설계도로 확정한 후에야 공사에 들어갑니다. 살고 싶은 집에 대한 **상상력**이 앞으로 완성할 집의 시작입니다. 먼저 상상하여 **상상을 시각화하고,** **실행은 그다음입니다.**

우리는 셀프 미션을 하면서 내가 원하는 삶을 상상하였습니다. 나의 소원, 미래 여행, 나의 죽음, 소중한 것, 나의 꿈 등을 생각하며 꿈의 자원을 개발하였습니다. 집을 짓기 전에 살고 싶은 집을 마음껏 상상하듯, 내가 바라는 삶을 상상했습니다. 나는 어떤 사람인지, 무엇을 원하는지 알게 되었고, 이것이 내면의 나침반이 되었습니다. 마지막 셀프 미션 '비전 보드'는 미래에 대한 상상을 현실화한 이미지를 구성하는 작업입니다. **머릿속에만 있던 생각들을 꺼내서 눈에 보이게 만듭니다.**

상상한 것과 유사한 이미지를 찾는 과정에서 내 꿈에 더 구체적으로 접근합니다. 현재의 나에게 가장 중요한 것, 앞으로 내가 이루고 싶은 것, 20년 후 되고 싶은 내 모습을 표현하는 이미지를 찾아 모아놓습니다. 내 삶의 중요한 키워드, 핵심 문장, 슬로건을 넣기도 합니다. 내가 바라는 미래가 눈앞에 그려질 때 현존하듯 생생합니다. 추상적이었던 생각들이 손에 만져지듯 선명해집니다. 이 이미지들을 보며 가슴 설레고 흐뭇한 미소가 흘러나옵니다. '이렇게 되고 싶다'는 마음이 간절해집니다.

비전 보드를 보면서 미래를 기억합니다. 살아가는 모든 순간, 우리는 끊임없이 무언가를 합니다. 일상을 유지하기 위해, 생계를 위해 바쁜 시간을 보냅니다. 시급한 일을 처리하다가 정작 중요한 일이 뒷전으로 밀리기 일쑤입니다. 내가 가장 많이 머무는 곳에 비전 보드를 둠으로써 원치 않는 망각으로부터 나를 구원합니다. 주변에 어떤 물건을 두는지가 그 사람을 나타냅니다. 내가 희망하는 나를 상기시키기 위하여 생활 반경에서 내 눈길이 머무는 곳에 비전 보드를 놓습니다.

비전 보드를 만들며 무엇을 더할지 뿐 아니라 무엇을 뺄지도 고민합니다. 우리는 무엇을 해야 할지 모를 때, 여러 가지 일이 폭주하듯 몰아칠 때, 아무것도 할 수 없을 것 같은 두려움이 밀려올 때 흔들립니다. 몸뚱이도 하나고 체력도 한계가 있고 하루 24시간을 살아가는 나에게 너무 많은 일이 더해질 때 혼란스럽습니다. 내가 감당할 수 있는 범위를 벗어나는 복잡한 상황이라면 무언가를 덜어내야 합니다.

인간의 뇌는 오감을 통해 들어오는 정보를 초당 1,000만 비트(글자로 따지면 대략 100만 자가 넘는 양) 정도 받아들이지만, 처리하는 정보량은 초당 50비트를 넘지 않습니다. 0.005%만 사용하고 나머지는 버립니다.[58] 생존에 도움이 되지 않는 정보를 과감하게 통폐합하여 필요한 정보에 집중합니다. 뇌의 메커니즘은 효율성에 기반하며 단순화를 선호합니다. 혼잡한 상황이라면 감당할 수 없는 것은 비웁니다. 최종 목적지를 보면 무엇을 뺄지 알 수 있습니다. 미래 삶의 풍경을 상상하면 지금 무엇에 집중하고 조정해야 할지 명료해집니다.

우리는 현재를 살아갑니다. 현재의 시간을 행동으로 채우며 미래를 건설합니다. 상상한 것들이 가능한지 불가능한지는 해봐야 알 수 있습니다. 꿈은 생각만 해서가 아니라 실행해야 내 것이 됩니다. 비전 보드는 그 여정에서 나와 대화하는 창입니다. 비관에 사로잡힐 때 내면의 자아가 해주는 말을 듣습니다. 현재의 고단함, 뜻대로 되지 않는 현실에서 생각의 무한루프에 빠질 때 잠시 멈추어 긴장을 누그러뜨립니다. 소용돌이치는 순간에 그냥 내달리지 말고 내 안의 내가 해주는 말을 듣습니다.

　삶의 여정에서 견딜 수 없는 것과 견딜 수 있는 것들이 뒤얽힙니다. 견딜 수 없는 것을 견딜 수 있는지[59] 알지 못했지만, 지금 여기에 있는 건 견뎠기 때문입니다. 견디며 버틴 시간은 시도와 실패를 반복한 시간입니다. 무엇이든 반복하면 강화됩니다.[60] 무너졌다 일어서길 되풀이하며 견디는 힘이 생겼습니다. '버팀'을 다가오는 것들에 대한 수동적인 반응이라고 생각하지만, 버팀은 적극적인 대응이기도 합니다. 나를 포기하지 않고 다시 마음먹어 실천하길 거듭하며 버티는 힘이 생겼습니다.

　시간은 되돌릴 수 없지만, 나는 되돌릴 수 있습니다. 시간은 불가역적이지만, 시간을 사는 나, 나의 마음, 나의 행동은 돌이킬 수 있습니다. 돌이켜서 새로 마음먹고 시행과 착오를 거듭하며 견디고 있습니다. 버티면서 점진적으로 나아지고 있습니다. 시간은 돌이킬 수 없지만 일상은 반복됩니다. 매일매일 되풀이되는 행위들이 삶을 구성하고, 삶은 습관의 그물 위에 서 있습니다. 비전 보드를 만들어 일상의 공간에 두는 것은, 미래를 기억하는 새로운 습관을 들이기 위

해서입니다. 미래를 환기하는 습관은 절망이 아니라 희망에 나를 길
들이는 일입니다. 희망한다는 것은 나를 상상하는 일이고, 희망을
통해 나는 현재에서 더 넓은 시간으로 확장됩니다.

마음이 굽어지지 않도록

어떤 마음으로 책을 썼는지 궁금해서 그동안의 일기를 꺼내 보았습니다. 생리 주기처럼 두려움과 불안이 나타났지만, 쓸수록 투명해지고 나에게 진실해졌음을 알게 되었습니다. 무엇이 될지 몰랐지만 책 읽는 게 좋아서 읽었고, 그렇게 읽은 책들이 지금의 나를 만들고 이 책의 토양이 되었습니다. 무엇이 될 줄 알고 책을 쓴 건 아니었지만, 씀으로써 나를 더 깊게 이해하고 명료해졌습니다. 쓰는 과정 자체가 자기돌봄을 연마한 시간이었고, 나의 마음과 태도를 내 손으로 다듬는 시간이었습니다.

이 책을 쓰면서 우리들 한 사람 한 사람이 소중한 존재임을 기억하자고, 믿음을 환기하자고 말하고 싶었습니다. 삶의 곡절을 겪으며 비관과 회의, 냉소를 쉽사리 만납니다. 간절히 바랐던 결과가 기대와 달랐을 때, 실패하였다고 단정할 때 우리는 취약해집니다. 다시 상처받고 싶지 않아서 비관적 자세를 유지하기도 합니다. 일종의 방어기제입니다. 지식과 지성으로 가장한 냉소가 우리를 주눅 들게 할 때도 있습니다. 하지만 우리가 무정하지 않아서, 냉담하지 않아서 마음의 아픔을 느낍니다.

체념의 이면에는 절절한 열망이 깔려 있을 때가 더 많습니다. 이젠 끝났다고 말하지만, 이게 끝이 아니길, 한 번 더 기회가 있길 바라는 절실한 기원이 담겨 있습니다. '이생망'이란 말에는 이번 생이 망하지 않길 바라는 절박한 염원이 담겨 있습니다. 지금은 '실패'라고 명명된 것만 보이지만, 눈에는 보이지 않는 마음이 실존의 증거일 수 있습니다. 추구하던 과정에서 무엇을 느꼈는가, 절망의 순간에 마음은 뭐라고 말하는가, 마음은 어디로 향하고 싶은가. 마음은 측정될 수 없지만, 마음의 충동이 우리를 움직이게 하고 행동하게 했습니다. 은밀한 마음에 귀 기울일 때 우리는 안일함에 빠지지 않고 마음을 추슬러 다시 걷게 됩니다.

자기돌봄은 은밀한 마음을 듣는 일입니다. 살면서 마음을 다치지 않는 건 불가능하지만, 마음을 돌봄으로써 마음이 굽어지지 않을 수 있습니다. 우리는 종종 없는 것을 있다고 생각하여 두려움에 빠지지만, 있는 것을 없다고 치부하지 않을 때 힘을 낼 수 있습니다.

되지 않을 거라는 믿음, 아무도 내 마음을 알아주지 못할 거라는 신념, 할 수 없을 거라는 확신은 어둠 속에 무언가 있을 거라는 추측에 근거합니다. 무엇이 있는지 알지도 못하고 알려고 하지도 않은 채 무서워서 고개를 돌립니다. 현실에서 만나는 분노의 언어, 혐오의 언어는 분노와 혐오의 대상을 자세히 보지 않으려고 눈을 감는 행동과 같습니다. 그 대상에게서 내가 무엇을 보고 있는지, 무엇을 느껴서 그토록 화가 나고 미운지 내 마음의 소리를 듣지도 않고 알려고 하지도 않으면서, 상대방도 나 자신도 어둠 속에 밀어 넣는 행동이라고 하겠습니다.

'있는 것을 없다고 치부하지 않을 때'는 마음 깊은 곳에 가려진 소망의 소리를 들을 때입니다. "사는 게 다 그렇지 뭐"란 말로 퉁칠 수 없는 각자의 삶의 서사가 있습니다. 대수롭지 않은 듯, 특별한 건 없다는 듯 무심히 말하지만, 분명 자기만의 갈망을 품고 있습니다. 어두운 심연 속에 자리한 열망의 소리를 들을 때, 우리는 다른 가능성을 발견할 수 있습니다. 지식과 경험이 지혜로 전환되는 순간은 이제 다 안다며 권태에 빠질 때가 아니라 희망을 환기하며 행동할 때입니다.

똑같은 자세를 오랜 시간 유지하면, 등이나 허리, 어깨가 굽어집니다. 몸의 신호를 알아차리지 못한 채 지내서이기도 하고 몸 근육을 제대로 사용하지 못해 근육이 줄어서이기도 합니다. 자아가 위축된 상태가 지속되면 마음도 굽어집니다. 자기돌봄은 자신의 몸과 마음에 귀 기울여 내면의 소리를 듣고 보살펴주는 행위입니다. 자신을 돌보아 마음이 굽어지지 않도록 한다면 스스로를 소중한 존재로 대할 수 있습니다.

독자 여러분이 간직한 내면의 힘, 존귀한 존재로서 여러분의 영향력을 기억하길 바라며 책을 마칩니다. 살아 있는 한 우리는 계속 갈등과 긴장을 만날 터입니다. 하지만 돌이켜서 다시 들여다보면 가슴이 무너지던 와중에도 우리는 가능성, 대안, 온기, 다정함, 연대, 나눔을 '목격'했습니다. 삶의 굴곡을 겪던 순간에도 희망을 상상하여 행동하려고 애썼습니다. 언제나 시간이 이기는 것 같지만, 우리는 그 시간을 묵묵히 견디며 지금 여기에 이르렀습니다. 혼자가 아니라 함께 해왔습니다. 자신을 돌보는 마음 습관이 그 길을 좀 더 가볍게 할 것입니다.

개인적, 정치적 삶에서 우리가 끌어안아야 하는 모든 긴장 가운데, 가장 근본적이고 가장 도전적인 것은 "비극적 간극" 속에서 희망을 가지고 견디고 행동하는 것이다. 그 간극의 한쪽에는 세상의 어려운 현실이 있다. 우리의 영혼을 부수고 희망을 무너뜨리는 현실 말이다. 그 간극의 다른 한쪽에는 실제로 이 세계에서 이루어질 가능성이 있다. 우리가 가능하다고 보았기 때문에 그렇게 이루어지는 삶 말이다. 우리는 전쟁에 빠져 있는 세상을 보지만 평화의 순간을 알고 있다. 인종적 종교적 대립을 보지만 연합의 순간을 알고 있다. 불공정한 결핍으로 인한 고통을 보지만, 풍요가 생성되는 물질적 영적인 나눔의 순간을 봐왔다. 이런 종류의 가능성은 부질없는 꿈이나 환상이 아니다. 그것은 우리가 자신의 삶에서 목격해온 대안적 현실이다.

_파커 J. 파머, 『비통한 자들을 위한 정치학』

1부 나를 돌보는 것은 왜 중요한가

1 매리언 울프, 『다시, 책으로』, 어크로스, 2019, p.294

2 김희경, 『이상한 정상가족』, 동아시아, 2019, pp.212~213

3 황현산, 『사소한 부탁』, '4부 미래의 기억', 난다, 2018

4 헨리 데이비드 소로, 『월든』, 펭귄클래식코리아, 2014, p.41

5 "불의를 불의라고 말하는 것이 금지된 시대에 사람들은 분노를 내장에 쌓아두고 살았다.",
   황현산, 『밤이 선생이다』, 난다, 2013, p.12

6 헨리 데이비드 소로, 같은 책, p.19

2부 자기돌봄

7 마셜 B. 로젠버그, 『비폭력대화』, 한국 NVC센터, 2011, pp.15~29

8 김금희, 『경애의 마음』, 창비, 2018, p.9

9 마셜 B. 로젠버그, 같은 책, p.53

10 루시 모드 몽고메리, 『빨강 머리 앤』, 세종서적, 2016, p.276

11 하임 G. 기너트, 『부모와 아이 사이』, 양철북, 2003, pp.55~56

12 하임 G. 기너트, 같은 책, p.48, pp.54~55

13 캐서린 한, 『인간관계와 의사소통을 위한 비폭력대화 NVC 1』, 한국NVC센터, 2018,
   pp.55~56, pp.63~64

14 조안 B. 시울라, 『일의 발견』, 다우출판사, 2005
   제현주, 『내리막 세상에서 일하는 노마드를 위한 안내서』, 어크로스, 2014

15 매슬로 욕구단계 이론의 각 단계별 정의는 손영우의 '욕구단계이론(https://terms.naver.
   com/entry.naver?docId=2070231&cid=41991&categoryId=41991)'과 캐서린 콜린의 『심
   리의 책』(지식갤러리, 2012)을 참고함.

16 캐서린 한, 『인간관계와 의사소통을 위한 비폭력대화 NVC 2』, 한국NVC센터, 2017, p.9,
   p.26

17 매리언 울프, 같은 책, pp.47~64
   최성애 외, 『내 아이를 위한 감정코칭』, 해냄, 2011, pp.55~58
   최성애 · 조벽, 『감정코칭 2급 매뉴얼』, HD 행복연구소, 2018
   정재은 외, 『정재승의 인간탐구보고서』, 아울북, 1권(2019), 3권(2020), 8권(2021)

18 정재승, 『열두 발자국』, 어크로스, 2018
   최성애, 『나와 우리 아이를 살리는 회복탄력성』, 해냄, 2014, pp.68~69

19 윤홍균, 『자존감 수업』, 심플라이프, 2016, pp.149~159

20 질 볼트 테일러, 『나는 내가 죽었다고 생각했습니다』, 월북, 2019, pp.25~28. 저자의 뇌졸중 회복 경험과 좌뇌/우뇌의 기능, 사고 회로의 패턴 설명은 이 책을 참고함.

21 질 볼트 테일러, 같은 책, pp.148~150, pp.153~159
저자는 감정의 자동 조정 장치가 유지되도록 할지 말지를 우리가 선택할 수 있다고 말한다. 부정적 사고의 고리가 순환되지 않도록 하기 위해서는 첫째, 몸 안의 생리적 느낌을 통해 지금 뇌에 어떤 인지적 회로가 가동되고 있는지를 파악하고 둘째, 감정이 찾아왔을 때 그 감정을 인정하고 존중해주며 셋째, 내면의 목소리에 귀를 기울이라고 방법을 제시한다.

22 수전 그린필드, 『마인드 체인지』, 북라이프, 2015, pp.75~81. 이 절에서 인간의 특정 활동에 따른 뇌의 물질적 변화(pp.83~89), 의도된 행위일 때 뇌(신경 연결)의 가시적 변화가 두드러진다는 사례(pp.96~98)는 수전 그린필드의 같은 책을 참고함.

23 수전 그린필드는 개인의 독특한 경험에 따라 사람마다 신경 연결이 달라지므로, 인간의 마음(mind)을 '뇌의 개인화'라고 칭한다.

24 매리언 울프, 같은 책, pp.43~44

25 정재승, 같은 책, pp.137~140

26 올레 호르니키에비치, 수전 그린필드, 같은 책, p.30에서 재인용함.

27 리베카 솔닛, 『멀고도 가까운』, 반비, 2016, p.159. 한센병 환자들의 고통에 대한 무감각과 자아 감각에서 고통이 중요하다는 것은 솔닛의 이 책(pp.151~159)을 참고함.

3부 자기탐색

28 〈비폭력대화 3〉 교육에서 모미나 강사가 발굴에 대해 설명한 것을 인용함.

29 줄리아 카메론, 『아티스트 웨이』, 경당, 2012, p.110

30 에리히 프롬, 『사랑의 기술』, 홍신문화사, 2009, pp.132~137

31 커밍비 워크숍 참가자들의 설문조사 응답에서 인용함.

32 파커 J. 파머, 『모든 것의 가장자리에서』, 글항아리, 2018, p.87

33 "그 질문을 잠긴 방이나 외국어로 쓰인 책처럼 여기고 그 자체로 사랑하려고 애쓰라. 답을 찾으려고 애쓰지 말라. 그 답은 받아들일 수 없기 때문에 지금 주어지지 않는 것이다. 모든 것을 경험하는 게 관건이다. **지금은 그 질문을 살아야 한다.** 그러다 보면 어느 먼 날에, 점차로, 자기도 모르는 사이에 그 답을 경험하고 있음을 알게 된다.", 라이너 마리아 릴케, 수잔 클리볼드, 『나는 가해자의 엄마입니다』(반비, 2016)에서 재인용함.

34 뮈리엘 바르베리, 『고슴도치의 우아함』, 문학동네, 2015, p.178

35 커밍비 워크숍 3기, 정하영.

4부 셀프 미션

36 유발 하라리, 『사피엔스』, 김영사, 2015, pp.499~500

37 유현준, 『도시는 무엇으로 사는가』, 을유문화사, 2015, pp.90~93

38 파커 J. 파머, 같은 책, 글항아리, 2018

39 시어도어 로스케, "너의 젊음이 너의 노력으로 얻은 상이 아니듯 나의 늙음도 나의 잘못으로 받은 벌이 아니다."

40 커밍비 워크숍 6기, 김정아.

41 도널드 위니캇, 『아이, 가족, 그리고 외부세계』, 한국심리치료연구소, 2018, p.252

42 'good enough mother'는 도널드 위니캇의 개념으로, 『엄마만 느끼는 육아 감정』(정우열, 팬덤북스, 2015, p.66)에서 재인용함.

43 〈비폭력대화 3〉에서 모미나 강사가 "내가 학습한 것은 내가 초래한 것이 아니지만, 답습하는 것은 내 책임이다"라고 말한 것을 인용함.

44 황현산, 『밤이 선생이다』, 〈고향의 봄 앞에서〉, 난다, 2013

45 에리히 프롬, 같은 책, p.41

46 재레드 다이아몬드, 『총, 균, 쇠』, 문학사상, 1998, pp.313~336

47 브라이언 그린, 『엔드 오브 타임』, 와이즈베리, 2021, p.441

48 "내가 선택했으므로 내 것이 된 것들. 그것들이 지금의 나다.", 김혜진, 『딸에 대하여』, 민음사, 2017, p.30

49 최성애, 『나와 우리 아이를 살리는 회복탄력성』, 해냄, 2014, p.27

50 송수진, '육아휴직에서 육아연수로', 《경향신문》, 2018. 5. 30.

51 헨리 데이비드 소로, 같은 책, p.191

52 "겨울에는 산과 들과 나무에서 물기가 빠져서 세상은 물씬거리지 않는다.", "눈 내리는 겨울날, 이 세상은 맑고 차가운 기운으로 가득 찬다.", 김훈, 『개』, 푸른숲, 2021, pp.167~169

53 서은국, 『행복의 기원』, 21세기북스, 2021, p.125

54 샤우나 샤피로, 『마음챙김』, 안드로메디안, 2021, p.102

55 브라이언 그린, 같은 책, p.155

56 매트 파커, 『험블 파이』, 〈2장 토목공학의 실수들〉, 다산사이언스, 2020

57 리베카 솔닛, 『걷기의 인문학』, 반비, 2017, p.264

58 김상균, 『메타버스』, 플랜비디자인, 2020, p.49

59 "개는 견딜 수 없는 것을 견뎌야 한다. 그러나 그것을 어찌 견딜 수 있단 말인가. 그렇다고 해서, 견딜 수 없다면 또 어떻게 할 것인가.", 김훈, 같은 책, p.179

60 샤우나 샤피로, 같은 책, p.42. 저자가 "뭐든 실천할수록 강화된다"고 한 것을 참고함.

이제 나를 돌보며 살기로 했다

1판 1쇄 펴낸날 | 2022년 6월 27일

지은이 | 박지연
펴낸이 | 정종호
펴낸곳 | (주)청어람미디어

책임편집 | 여혜영
마케팅 | 이주은, 강유은
제작·관리 | 정수진
인쇄·제본 | 에스제이피앤비

등록 | 1998년 12월 8일 제22-1469호
주소 | 03908 서울 마포구 월드컵북로 375 402호
전화 | 02-3143-4006~8 | 팩스 02-3143-4003

ISBN 979-11-5871-203-7 03190